AF361113

LE MANUEL

DES

RÉVOLUTIONS.

LE MANUEL

DES RÉVOLUTIONS,

ou

CONSIDÉRATIONS POLITIQUES

SUR

LES RÉVOLUTIONS DE LA FRANCE,

DE 1789 A 1815.

PAR UN FRANÇAIS,

AMI DU PEUPLE, DU PRINCE ET DE LA PATRIE.

A PÉRIGUEUX,

Chez la VEUVE FAURE, Imprimeur de la Préfecture.

Mars 1816.

PRÉFACE DÉDICATOIRE.

Il y a long-temps que la voix publique accuse les Rois et les grands de ne pas aimer à entendre le langage de la vérité, et de ne s'entourer trop souvent que de courtisans, c'est-à-dire, de flatteurs qui, ne cherchant qu'à faire fortune, caressent leurs caprices et leurs passions, en s'y soumettant avec une adroite et servile complaisance.

Frappé de ce reproche qui n'est pas, dit-on, sans quelque fondement, tant la flatterie, ce commerce de paroles aimables et mensongères, est innée dans le cœur de l'homme ; je cède à une envie dont je suis tourmenté depuis long-temps, celle de faire entendre le langage de la vérité à un Souverain qui, sans doute, ne me saura pas mauvais gré de la satisfaire à son sujet. J'aime à croire, au contraire que, persuadé de mon dévouement sincère à ses intérêts, qui sont aussi les miens, il m'écoutera favorablement : puissai-je ne pas me flatter moi même dans cet espoir !

Le Souverain à qui je dédie cet opuscule, est celui auquel une foule de courtisans et de flatteurs, mille et mille fois plus coupables que ceux des Rois, ont fait entendre ces cris sinistres de la flatterie la plus funeste : Peuple Français ! levons-nous en masse, pour reprendre notre souveraineté ; car toute souveraineté appartient au Peuple ! *On se rappelle encore ces vociférations, avant-coureurs des premiers désastres de notre révolution. Eh bien ! c'est à ce même Peuple que j'adresse ce manuel : à cette classe d'hommes laborieux et utiles des villes et des campagnes, qui vivent des travaux journaliers de leurs bras : à cette classe d'hommes naturellement bons, mais si prompts à s'alarmer, si avides du changement, et malheureusement trop faciles à séduire et à égarer dans des temps de révolution, quand d'imprudens novateurs, ou de trop coupables factieux, ont adroitement surpris leur bonne foi, et soufflé dans leur foule agitée le feu dévorant des discordes civiles !*

L'auteur de cet opuscule en marquant de guillemets tous les articles qu'il a extraits et cités des auteurs, des philosophes anciens et modernes, prévient qu'il n'a eu pour but, dans ces nombreuses citations, que de s'appuyer de toute la sagesse et de toute la vérité de ces maximes, pour donner plus d'autorité et plus de force aux propres observations qu'elles lui ont suggérées, en traitant de tel ou tel sujet de notre révolution.

Quand, dans les conjonctures présentes, tous les Français sont si intéressés à se réunir, à s'éclairer et à s'entr'aider mutuellement, la critique ou l'esprit de parti ne s'armeront pas, sans doute, pour attaquer un écrit que la raison et le sentiment profond des malheurs de la patrie ont dicté à un compatriote. Si l'on venait à reprocher à l'auteur de se cacher sous les lettres initiales et énigmatiques de son nom ; voici sa réponse.. Quand l'auteur s'est fait connaître, par obligation, à l'autorité administrative, et que l'imprimeur a mis son nom à cet ouvrage, on n'accusera pas celui-là de craindre d'être connu puisque, malgré lui, il ne peut éviter de l'être dans le pays de sa résidence. Pourquoi faut-il que l'homme qui, dans notre siècle, veut publier des vérités morales, soit contraint, ou à se faire connaître en les déguisant sous les traits de la fable, (ce qui ne suffit pas toujours) ou à taire son nom, pour blesser le moins possible l'amour-propre de quelques personnes ? pourquoi faut-il encore que celui qui, animé des sentimens les plus louables, ne cherche qu'à ramener la politique aux lois de la morale et de la justice, ne puisse pas compter sur l'assentiment général de ses concitoyens ? Tel est l'effet des discordes civiles ! En quò discordia cives perduxit miseros ! (Bucol. églo. I. Virgil.) Mais si cet écrit peut faire quelque bien, qu'importe à son auteur, comme au public ! Exempt de craintes personnelles sur les vicissitudes des choses, quelque soient les nuages qui pourraient s'élever encore sur notre horizon national, (que *le ciel en détourne de nouveaux orages !) l'auteur se réunit de cœur et d'efforts aux amis de la Patrie et du Prince. Également éloigné de tout esprit de parti, autant par son rang dans l'ordre social, que par des opinions modérées mais fortes de son amour de l'ordre et de la justice, il n'a pour objet que la paix et le bonheur de la France. C'est dans ces sentimens, qu'ayant livré cet opuscule à l'impression, il termine sa préface dédicatoire par ce souhait d'un cœur vraiment Français....*

Paix, salut et gloire aux bons Français présens et à venir ! Vivent les Français ! vive la France.

Périgueux, ... octobre 1815.

G. L. P.

LE MANUEL DES RÉVOLUTIONS

ou

CONSIDÉRATIONS POLITIQUES

SUR

LES RÉVOLUTIONS DE LA FRANCE,

DE 1789 A 1815.

Vitam impendere vero.
Juven. *Saty. IV.*

Introduction.

LES annales du monde nous apprennent que les premiers hommes qui échappèrent aux révolutions physiques que la terre a éprouvées et aux quelles elle est sujette par sa nature, menèrent long-temps une vie sauvage et misérable.

A

Que peu à peu leurs nombreuses familles s'étendirent de contrées en contrées, et qu'elles y vécurent en peuplades de pasteurs, dont les pères furent les soutiens et les chefs.

Que le besoin les porta bientôt à s'armer, pour trouver dans la pêche et la chasse une nourriture que la terre, sans travail, commençait à leur refuser.

Que l'industrie les porta ensuite à se creuser des demeures souterraines pour se mettre à l'abri des injures du temps ; bientôt après à filer la laine de leurs bestiaux pour se couvrir de leur tissu ; et enfin à se bâtir des cabanes pour y avoir des habitations plus saines et plus commodes.

Que l'envie et la jalousie naturelles à l'homme et qui auraient occasionné le premier meurtre sur la terre, divisèrent ces familles pastorales : et que de là naquirent la haine et la guerre, sources des fureurs politiques des nations.

Que les Peuples commençant à se civiliser, sans cesser d'être portés à l'esprit de rapine et de guerre, sentirent le besoin de se rapprocher pour se défendre, en élevant entre eux des murailles de villes fortes.

Enfin, que de cette réunion des premières Peuplades, vivant dans la même enceinte et sous un même chef, naquirent les premières lois fondamentales des Peuples et des gouvernemens monarchiques.

Telle est la marche qu'ont suivie toutes les Peuplades qui, en se répandant sur la surface de la terre, ont jeté les premiers fondemens de ces Empires puissans, mais dont la fragile et passagère existence en a successivement et tour-à-tour ensanglanté le théâtre.

Mais à quoi bon un pareil début qui nous rejette au berceau du Monde ! c'est vouloir en dire bien long, se récrieront mes lecteurs ! Mais en leur observant que je n'ai tout au plus que vingt lignes, et que déjà j'ai parcouru une assez belle période de temps ; je dirai que j'avois besoin de ce début, parce que mon but principal est de parler surtout de ce gouvernement patriar-chal et paternel, le plus ancien comme il est le plus naturel, celui qui régit tous les Peuples modernes de l'Europe, et que nous désignons sous le nom de *gouvernement monarchique*. Néanmoins, pour couper au plus court, je franchis à grands pas l'espace immense qui me resterait à parcou-rir de cette histoire universelle, pour ne plus parler que des Gaulois, des Francs nos ancêtres, et enfin des Français nos compatriotes.

§ 1.

De la Nation Française.

Les Celtes, que les Romains nommèrent *Gaulois*, et *Barbares*, comme tous les Peuples insoumis à leur domination, firent trembler Rome et l'Italie; les Romains qui conquirent les Gaules sous Jules César, en furent chassés plus de cinq cents années après par Clovis et ses successeurs. C'est à cette époque de notre ère, que les fiers conquérans ou, pour mieux dire, les spoliateurs du Monde, furent eux même vaincus et spoliés par les Goths, les Vendales et les Lombards, et que la capitale du Monde qui, tant de fois l'avait bouleversé, trembla vingt fois elle même et succomba enfin sous la masse de tant de Peuples que tant de fois elle avait irrités et soulevés contre elle.

Après le règne de Clovis, les Normands (hommes ou Peuples du nord) vinrent fondre sur les Francs, nom que les Gaulois prirent et conservèrent des invasions de ces Peuples qui habitaient le Hanovre et la Westphalie. Ce sont ces Normands qui s'établirent dans la Normandie, province qui en a pris le nom, et ensuite dans la Bretagne.

Les Germains, les Bretons, les Sarrasins, déso-
lèrent tour-à-tour les Francs qui, vainqueurs
à la fin de tant de Peuples, conservent encore
aujourd'hui, dans les différens idiomes de leur
ancienne province, les traces ineffaçables de ces
éternelles révolutions qui agitent et bouleversent
successivement toutes les nations du globe.

Le caractère national ne paraît cependant
pas avoir éprouvé trop d'altération de ces révolutions, tant il est vrai que le terroir imprime
en quelque sorte aux Peuples, la nature du
climat qu'ils habitent.

« Le fond du caractère Français, dit Voltaire,
» (1) est tel aujourd'hui que César a peint le
» Gaulois : prompt à se résoudre, ardent à com-
» battre, impétueux dans l'attaque, se rebutant
» aisément. César, Agathias et d'autres disent
» que de tous les barbares, le Gaulois était le
» plus poli ; il est encore, poursuit Voltaire,
» dans le temps le plus civilisé, le modèle de
» la politesse de ses voisins, quoiqu'il montre
» de temps en temps des restes de sa légèreté,
» de sa pétulence et de sa barbarie.

Qu'aurait pu dire de plus Voltaire, si ce génie
immortel par le goût, par la variété, mais aussi

______

(1) Dictionnaire philosophique, tome VIII, édition stéréotipe
de 1813. In-16. Voltaire.

par la légèreté de ses trop nombreux écrits, avait traversé toutes les époques de notre révolution ? Peut être aurait-il dit : comment l'esprit de légèreté de cet aimable Peuple a-t-il pu l'entraîner dans tous les excès de notre sanglante révolution !

« Les anciens Gaulois, dit Millot (1), ne
» respiraient que la guerre. Toujours armés,
» même en temps de paix (coutume dangereuse
» qu'on ne trouve ni chez les Grecs, ni chez
» les Romains), ils se battaient entre eux lors-
» qu'ils n'avaient pas d'ennemis à combattre.
» L'ardeur martiale, jointe à une grande popu-
» lation, les entraînait hors de leur pays pour
» entreprendre des conquêtes : l'Italie, la Grèce,
» l'Asie, furent inondés de leurs soldats. Si la
» discipline et la science militaire avaient reglé
» leur courage, ils auraient probablement sub-
» jugué l'ambitieuse république. Mais une fougue
» aveugle les précipitait dans le péril, sans pré-
» caution, sans prévoyance : ils dédaignaient
» même les armes défensives, et combattaient
» souvent presque nuds. Cette indomptable viva-
» cité les rendait inquiets, querelleurs, vains
» et duellistes.

Avec quel intérêt ne lisons-nous pas encore aujourd'hui ces notions historiques sur le caractère

---

(1) Élémens de l'histoire de France, tome I. In-4.º 1777. P. M. Millot.

d'une nation qui, s'étant élevée dans le dix-neuvième siècle à un si haut dégré de puissance
continentale, n'aurait pas dû cesser un instant
d'être le premier Peuple de l'Europe et du Monde!
Les Français on porté tour à-tour leurs armes
victorieuses chez toutes les puissances de l'Europe;
ils n'ont que trop prouvé que la valeur guerrière
n'était pas seulement naturelle à la nation en
général, mais qu'elle était encore en quelque sorte
le propre de leur caractère individuel: c'est pour
n'en avoir que trop montré toute la fougue,
qu'ils ont fini par éprouver ce qui ne manque
jamais d'arriver aux nations guerrières, d'être
vaincues par les mêmes nations qu'elles ont tant
de fois vaincues. Eh ! n'est-ce pas là l'histoire
de tous ces fameux duellistes qui, après maints
combats, finissent presque toujours par succomber sous le fer d'un homme souvent aussi brave,
mais moins habile qu'eux. Puisque nous parlons
d'une nation guerrière, disons quelque chose
de la guerre, ce fléau des nations.

§ 2.

De la Guerre, de ses fureurs et de ses résultats.

Nous avons dit que l'envie et la jalousie, trop
naturelles à l'homme, avaient armé le bras de

l'un des deux fils du premier homme contre son frère. Le même esprit divisa les fils de familles plus nombreuses ; *hinc mali labes* : de là naquirent les haines et les vengeances. Le fer, qui n'avait encore servi qu'à déchirer le sein de la terre, fut forgé pour combattre à la fois les animaux, et venger dans le sang et le carnage des querelles particulières et celles survenues entre les fils de tribus ou de familles de pasteurs. Le sang rougit la terre, et la terre enfanta et nourrit des hommes altérés de sang, des Peuplades guerrières. La guerre enfin ne cessa plus de ravager la terre, comme si les hommes avaient eu besoin de se créer de nouveaux fléaux de destruction, autres que ceux auxquels la nature les a soumis.

Quand l'histoire nous apprend à quel sort réservaient leurs prisonniers de guerre quelques nations barbares de l'antiquité ; quand on sait celui que leur font subir encore aujourd'hui quelques nations sauvages, justement désignées sous le nom d'antropophages ; quand on a feuilleté les pages ensanglantées des annales des Peuples de la terre, on est forcé d'avouer que de tous les animaux, l'homme est vraiment le plus féroce et le plus sanguinaire. Il semble que la chair et le sang dont il se nourrit ajoutent encore à sa férocité. Les loups, dit-on, ne se mangent pas entre eux ; l'ours et le tigre ne déchirent et ne dévorent leur proie que quand ils sont pressés par la faim ; mais l'homme, ô monstruosité ! oui l'homme n'est trop-souvent qu'un monstre dont rien ne peut assouvir la fureur !

Parmi les paroles pleines de sens et de justesse qu'Ésope et le bon Lafontaine nous ont rapportées des animaux raisonneurs, je ne sache pas qu'ils nous ayent parlé de celles que, dans leurs conseils d'état, car ils ont aussi les leurs, les animaux durent si souvent tenir touchant leur roi, ou pour mieux dire, leur véritable tyran, l'homme s'entend, dont la nature se montre souvent bien moins humaine que la leur. C'est un conte qu'il reste à faire à nos fabulistes moraux. Le conte en sera long et instructif, car le sujet, sérieux et plaisant tout à la fois, paraît être de tous les temps chez tous les Peuples de la terre.

Puisque la guerre et ses fureurs sont une suite de la perversité des passions humaines, les hommes qui les premiers ont tendu une main généreuse et secourable à leurs ennemis vaincus, et qui ont établi la générosité comme un droit des gens parmi les nations, ont bien mérité de l'humanité.

Cependant, s'il est généralement admis que l'homme armé seulement pour sa défense, doit repousser la force par la force, on doit avouer que les guerres entreprises sur ce motif, entre deux ou plusieurs nations, rivales ou ennemies, sont justes : « Ainsi, toutes les guerres,

B

» dit l'anti-Machiavel (1), qui n'auraient pour
» but que de repousser les usurpateurs, de
» maintenir les droits légitimes, de garantir la
» liberté de l'Univers, et d'éviter les oppressions
» et les violences des ambitieux , seront con-
» formes à la justice : les Souverains qui en
» entreprennent de pareilles, n'ont pas à se repro-
» cher le sang répandu : la nécessité les fait
» agir ; et dans de pareilles circonstances, la
» guerre est un moindre malheur que la paix.

Quel est le Français qui peut lire un pareil
passage, sans gémir sur les fureurs de ce conquérant qui a épuisé la France d'hommes et d'argent,
pour porter une guerre impie et sacrilège chez
une nation valeureuse, notre fidèle alliée, en
pleine paix, sans motif, et sans aucune déclaration hostile ! Quel est le Français, bien plus,
quel est le soldat Français qui n'a pas moins
gémi sur cette autre guerre, non moins injuste
qu'impolitique, mais cent fois plus funeste encore, portée avec des forces immenses chez cette
nation du nord, dont le jeune Prince s'est montré
depuis le modèle de la modération qui constitue,
dans la victoire, la véritable grandeur des Rois ?
Eh ! de tant de travaux, de tant de sang, de
tant de sacrifices , de tant de calamités, quel

----

(1) Examen du Prince de Machiavel ; chapitre 26. 1 vol. in-8.°
Londres 1741.

affreux résultat ! celui de toutes ces orgueilleuses dominatrices du Monde qui, semblables à des météores ignés, ont brillé tour-à-tour pour s'éteindre à la surface de la terre, après en avoir couvert quelques points de sang, de ruines et de cendres fumantes.

Puisque l'aveugle et fatale ambition d'un homme a pu produire d'aussi grands désastres, parlons de l'ambition et des ambitieux.

§ 3.

De l'ambition, des ambitieux et des Conquérans.

« Tous les hommes, dit l'anti-Machiavel (1)
» sont animés de diverses passions : lorsqu'elles
» sont modérées et bienfaisantes, elles sont l'ame
» de la société ; mais lorsqu'elles sont sans frein,
» elles en sont la désolation et la perte.

» De tous les sentimens qui tyrannisent notre
» ame, poursuit le même auteur, il n'en est
» aucun de plus funeste, de plus contraire à
» l'humanité, de plus fatal au repos du Monde,
» qu'une ambition déréglée, qu'un désir excessif
» de fausse gloire.

(1) Examen du Prince. Chapitre 6.

L'ambition perd les hommes, dit le proverbe de toutes les nations. C'est elle qui perd avec eux les Peuples et les Empires.

L'ambition, cet amour des richesses, cette haine de la paix et du bonheur des Peuples, cette soif du pouvoir et de la domination, cette rage du sang humain, ne conduit qu'à un gouffre, à un abîme sans fond, où l'ambitieux précipite en vain villes sur villes, provinces sur provinces, empires sur empires ; tout s'y perd sans qu'il puisse jamais en remplir le vide affreux. L'ambition dans les guerriers forme les conquérans : c'est elle qui, rongeant leur cœur, les rend insensibles aux maux de leur génération, pour faire vivre seulement leurs noms dans la postérité. Mais que penser des conquérans, quand on sait que c'est aussi une espèce d'ambition, qui arme le bras de tous ces fameux voleurs de grands chemins, dont on cite avec effroi quelques traits de générosité parmi le nombre de » leurs actions de brigandage. « Toute la diffé-» rence qui existe entre ces deux espèces de » brigands, dit l'anti-Machiavel, c'est que le » conquérant est un voleur illustre, et l'autre un » faquin obscur : pour prix de leurs violences, » l'un reçoit des lauriers, et l'autre la corde. »

Ne peut-on pas ajouter ici que, transportés au milieu de la foule, également empressée de les voir en spectacle, l'un est monté sur un

char bruyant, et l'autre est traîné sur une char-
rette, quand trop souvent, hélas ! leurs forfaits
leur mériteraient d'être confondus dans le même
tombereau.

» Les conquérans, disent Daniel et Ezechiel (1),
» sont représentés sous les symbôles nés du choc
» des vapeurs et des troubles de la mer, sous les
» images de lions et d'ours, de tigres et d'autres
» bêtes féroces qui ne se nourrissent que de sang
» et de carnage, et dont le bruit n'est que les
» rugissemens qui portent au loin l'effroi et la
» désolation. Quels fruits ces dévastateurs, ces
» fléaux des Peuples, retirent-ils de toutes ces
» guerres, ou plutôt de tous ces carnages et de
» toutes ces exterminations, si non que de s'être
» tourmentés en vain, pour n'être, en dernier
» résultat, que l'effroi et la désolation des Peu-
» ples ? »

C'est sans doute un conquérant, insensible aux
maux de la guerre, dont les Egyptiens ont voulu
éterniser la révoltante image sur les murs de leurs
monumens, dans la représentation de ces géans
armés d'arcs et de flêches, ayant en avant un
grand nombre d'ennemis percés de leurs traits,
et sous les pieds des hommes étendus, foulés et
terrassés, sans qu'ils paraissent seulement s'en
apercevoir.

____

(1) Daniel, proph. cap. VII. Ezechiel, proph. cap. XIX.

C'est ainsi que parle des conquérans J. B. Rousseau, dans sa belle ode à la fortune :

« Quels traits me présentent vos fastes,
» Impitoyables conquérans !
» Des vœux outrés, des projets vastes,
» Des rois vaincus par des tyrans ;
» Des murs que la flamme ravage,
» Des vainqueurs fumant de carnage,
» Un Peuple aux fers abandonné ;
» Des mères pâles et sanglantes
» Arrachant leurs filles tremblantes
» Des bras d'un soldat effréné. »

Quand les conquérans sont ainsi chargés de
toute la malédiction des Peuples, leurs victimes,
que pourrions-nous dire de plus contre ces *Peuples-
Rois*, tourmentés par la fureur des conquêtes ?
Malheur alors, malheur aux nations, quand un
peuple, emporté par le fanatisme de l'esprit militaire, brise le sceptre d'un Roi juste et pacifique,
pour se précipiter sous le joug et l'étendard sanglant d'un guerrier conquérant !

Qoiqu'on ne saurait trop dire contre la fureur
de ces guerriers farouches et barbares, nés pour
le malheur des humains, passons vîte, car l'histoire du Monde, dégouttante du sang de leurs
forfaits, est trop horrible à lire.

§ 4.

Des guerriers et des armées.

J'ai parlé des fureurs de la guerre et de celles des conquérans ; parlons du soldat et des guerriers, c'est-à-dire, de la profession militaire.

Si l'on admet que l'homme, armé pour sa défense personnelle, ne fait que céder à un droit naturel et incontestable, celui de sa propre conservation, l'on admettra, sans doute, que tout état a le droit d'armer, de solder et d'entretenir en tout temps un corps de gens de guerre, indispensable à sa sûreté intérieure et extérieure.

La profession militaire exige dans le soldat du courage et une aveugle soumission aux ordres de son chef. Désarmé en temps de paix, le soldat doit toujours néanmoins être prêt à combattre : il ne doit pas plus aimer que redouter les combats : patient dans les marches et les dangers, il ne doit pas plus se laisser abattre par les revers en temps de guerre, qu'énerver par les plaisirs durant la paix. Mais pour ne pas laisser énerver le soldat, on doit suivre l'exemple des Romains qui, sachant combien l'oisiveté est funeste à l'homme et surtout à l'homme armé par état, employaient leurs légions durant la paix à ces travaux dont ils ont laissé de si grands témoignages à l'admiration de la postérité. C'est ainsi qu'armés tour-à-tour du glaive ou du soc, les bras vainqueurs de ce Peuple guerrier ne cessaient jamais de servir l'état.

Dans le chef ou l'officier, cette même profession exige encore un dévouement sans bornes à la Patrie et au Prince légitime. C'est surtout dans l'officier que l'on doit trouver ce noble caractère de désintéressement et de bravoure joint aux sentimens d'honneur d'une ame forte mais sensible, qui sait rendre aux maux de la guerre tous les tempéramens que l'humanité peut en attendre. C'est alors que la profession militaire, qui semble être le génie national des Français, est vraiment noble et la première de l'état. Quand, avec de tels soldats, le prince n'a qu'une guerre juste à soutenir, il est assuré de la victoire, car le peuple, tout en partageant l'enthousiasme de ses guerriers, veut encore en partager les périls et la gloire. C'est alors qu'on voit tous les cœurs, j'entends parler surtout des mères, des épouses et des amantes délaissées, brûler d'un seul sentiment qui semble se confondre dans l'amour de la Patrie.

La discipline militaire, l'ame et la force des armées, n'a plus besoin, avec de tels soldats, d'exercer ses rigueurs : elle y devient simple et facile à suivre : soumise aux mêmes lois, au même sort, la subordination des grades militaires ne détruit pas l'égalité qui unit le soldat à l'officier et l'officier au général. Enfin, une armée composée de tels guerriers, terrible aux ennemis, est invincible dans la guerre, quand, en temps de paix, elle fait à la fois l'admiration du Prince et du Peuple dont elle est le noble soutien.

Mais hélas! quel fléau ne durent pas être pour les nations contemporaines des Romains ces légions vagabondes qui, levées par la force et les violences, à l'instar de notre conscription militaire, et accoutumées au métier de la guerre, ne respiraient que la guerre dont elles préféraient les fatigues aux douceurs de la paix ? (1) Quel fléau ne furent pas, depuis dix années, pour l'Europe, nos nombreuses et infatigables

(1) On ne peut lire sans éprouver un sentiment profond d'indignation et sans en être pour ainsi dire encore révolté, la guerre des Gaules par J. César. On y voit d'une part, cet infatigable mais heureux conquérant, portant le fer et la flamme sur tous les points des Gaules ; partout vainqueur, tantôt par force, et tantôt par adresse : et de l'autre, vingt Peuples, nos ancêtres, opposant sans cesse, et quoique toujours vaincus, aux indomptables légions Romaines, une héroïque mais trop fatale et funeste résistance. Que les Français relisent souvent les annales de ce dévastateur des provinces Gauloises, et nous sentirons toute l'horreur que doit inspirer aux nations contemporaines, comme à la postérité, l'histoire d'un Peuple conquérant.

armées, naguère renouvelées deux à trois fois dans deux années successives ! A quel état de détresse et de désolation n'eût pas enfin été réduite notre nation pour soutenir cette extravagante irruption du Nord, où la plus belle armée du Monde sembla ne se précipiter que pour s'immoler dans les glaces de ces contrées, à la fureur d'un foudre de guerre dont elle devait être tôt ou tard la sanglante victime ! quelque immense, quelque colossal que fût un si affreux holocauste, offert à son insatiable fureur, il ne pouvait lui suffire, sans-doute, dès que le sang avait pu en être glacé ! Où peut-on donc chercher, où peut-on trouver les causes de cette fougue guerrière, de cette fureur de sang et de carnage, si ce n'est chez les uns, dans l'amour, ou plutôt dans la fatale passion d'une fausse gloire et dans le délire de l'ambition ; et chez les autres, dans l'amour de la licence des camps, dans l'avidité des rangs et des richesses, et enfin dans les appats du pillage et des sacs, dont les affreux déportements démoralisent les hommes, comme ils dégradent le caractère des nations qu'ils finissent par replonger dans leur premier état de barbarie ?

Les armées françaises ont tout fait pour la gloire de nos armes quand, tour-à-tour, elles ont fait la terreur et l'admiration de l'Europe ; mais elle n'a que trop fait, cette intrépide armée, pour un homme qui l'a perdue et la France avec elle ! (1) Après avoir tant de fois triomphé des Peuples de l'Europe coalisée contre nous, nous devions inévitablement succomber à la fin par l'abus excessif de nos forces. Mais l'armée peut encore sauver la France sous la dinastie de ses anciens Rois si, franchement ralliée par intérêt ou par attachement à cette cause sacrée, inséparable aujourd'hui de celle de la France et de tous les Français, nous nous réunissons tous pour retremper en paix nos armes émoussées dans mille et mille combats, au feu sacré de l'amour national.

---

(1) La valeur des armées Françaises s'est immortalisée dans toutes les guerres de la révolution. Le dévouement de nos armées à la gloire de cet heureux mais insatiable vainqueur de l'Italie, de l'Égypte, de Marengo, d'Austerlitz, d'Yena, de Friedland, de Wagram et de la Moskowa, est buriné dans les fastes· immortels de nos annales militaires. Mais pourquoi le sang Français, versé à si grands flots dans ces champs de victoire, ne donna-t-il pas la paix aux champs de la patrie ? Si la France triomphante n'en fut pas, dit-on, plus libre et plus heureuse, elle en fut du moins illustrée et aggrandie : Hélas ! qu'est devenue cette grandeur éphémère ? à quoi a servi ce sang généreux, versé avec une si effroyable profusion en Espagne, à la Bérezina, à Dresde, à Leypsick, à Laon, à Montmirel, à Paris, et enfin à Water-loo ! à Waterloo, surtout, lieu à jamais célèbre par de si grands exemples de dévouement, mais si différens dans les armées ennemies ? Mais tant de sang devait-il donc couler inutilement jusqu'à l'entière consommation du sacrifice de tant de milliers de victimes humaines ?

« C'est au Prince qu'il appartient, dit Ma-
» chiavel (1), de commander en personne les
» armées de l'État ; outre que les ordres sont
» donnés ou s'exécutent avec plus de prompti-
» tude et plus de précision (chose bien impor-
» tante) le Prince évite par là l'effet des rivalités
» et des mésintelligences si funestes parmi les
» généraux. »

L'homme qui avait tant fait, plus pour lui,
sans doute, que pour la France qu'il a perdue
avec les siens, n'était que trop convaincu de
ce principe de politique ; mais en outre des
excès de sa folle ambition, sa grande faute en
politique fut d'avoir trop augmenté le nombre
de ses troupes auxiliaires, d'avoir pu s'imaginer se
faire de véritables alliés des Italiens, des Bavarois,
des Hollandais, des Hanovriens, des Saxons, des
Polonais, des autres Peuples de sa confédéra-
tion Rhénale et surtout des Prussiens qu'il avait
tant de fois foulés avec tant d'orgueil ; d'avoir
armé ces Peuples guerriers, en portant chez eux
le fléau de notre conscription ; de les avoir ex-
ercés au métier de la guerre, et enfin, après
avoir désolé et soulevé, tour-à-tour, tous les
Peuples de l'Europe, d'en avoir ramené deux
fois la masse entière dans la France que, deux
fois, il aura été forcé d'abandonner, en la lais-

____

(1) Examen du Prince. Chapitre XII, page 134.

saut en proie à tous les fermens des discordes
civiles, au milieu de cinq à six cent mille ennemis. Non, l'histoire d'aucun Peuple de la terre
n'offre de pareils exemples de tant de démence,
de tant de calamités publiques !

Je devrais parler ici de ce code qui, conçu
et suivi dans toute la rigueur des lois révolutionnaires, ne tendait qu'à faire de la France
une nation soldatesque, un Peuple-cerf dévoué
à la conscription militaire pour l'asservissement
des autres Peuples ; mais comme ce code est un
des plus inconcevables excès de notre révolution,
j'en parlerai plus bas, en traitant successivement
des sujets qui en ont été la cause, ou qui en
sont le résultat si affligeant.

§ 5.

Des Gouvernemens.

ON ne distingue que trois principaux genres
de gouvernemens, dit le livre de l'Esprit des
lois, *le républicain, le monarchique et le despotique.* (1)

______

(1) L'Esprit des lois, tome I, livre II, page I. Montesquieu.

1.º Le gouvernement républicain est celui où le Peuple en corps, ou seulement une partie du Peuple exerce la souveraine Puissance. Tels furent ceux des républiques d'Athènes, de Lacédémone et de Rome chez les anciens : tels sont ceux de Venise, de Gènes, de Suisse et de Genève chez les modernes ; mais ce genre de gouvernement ne put jamais s'y maintenir que sous diverses modifications qui en altérèrent la forme et l'exercice.

2.º Le gouvernement monarchique est celui dont l'autorité réside dans les mains d'un seul chef, sous les noms de monarque, de roi, d'empereur, etc., quelque soit d'ailleurs l'origine de son autorité, par droit d'élection ou de conquête et par suite d'hérédité. Tels sont aujourd'hui la plupart des gouvernemens de l'Europe en France, en Angleterre, en Autriche, en Prusse, etc., où un seul prince gouverne d'après des lois établies, ou du moins d'après d'anciens usages qui en tiennent lieu.

3.º Le gouvernement despotique est celui dont l'autorité réside, comme la monarchie, dans les mains d'un seul prince ; mais dont la volonté suprême et le caprice sont les seules et uniques lois. Tels sont la plupart des gouvernemens qui régissent ou qui ont régi, dans tous les temps, les Peuples de l'Orient, comme en Turquie, dans la Perse et les Indes.

(23)

Il faut remonter à l'origine même des premiers Peuples du Monde, pour avoir une idée de la formation des gouvernemens : on lit avec intérêt ce que dit à ce sujet M. de Volney, dans ses méditations sur les ruines des empires. Nous donnons ici quelques extraits des passages les plus marquans de son chapitre sur leur origine et leurs causes de destruction. (1)

« Dans l'état de nature, dit M. de Volney,
» c'est-à-dire dans l'état sauvage et barbare
» où vécurent nécessairement les premiers hom-
» mes, la cupidité audacieuse et féroce porta
» l'homme à la violence, à la rapine et au
» meurtre ; et parce qu'un homme fut plus fort
» qu'un autre, cette *inégalité*, accident de la
» nature, fut prise pour sa loi : et parceque le
» fort put ravir la vie au faible, et qu'il la
» lui conserva, il s'arrogea sur sa personne un
» droit de propriété abusive, et l'esclavage des
» individus prépara l'esclavage des nations. »

On doit déjà reconnaître par cet exposé simple et vrai de l'état de nature et primitif des hommes, que les premières tribus ou Peuplades, n'ayant pas tardé à sentir la nécessité de se former en société, pour se défendre contre les violences des tribus rivales, leurs ennemies,

____

(1) Les ruines ou méditations sur les révolutions des Empires; M. de Volney, chap. XI, in-8.°, page 51, Paris, janvier 1792,

ont été régies par des règlemens et des lois,
sous l'autorité d'un seul qui les a gouvernées
sous les noms de juges, de grands-prêtres, de
rois ou d'autres dénominations. Telle est l'origine des divers gouvernemens qui régissent les
diverses nations de la terre.

« Le chef de famille qui put exercer, poursuit
» M. de Volney, une autorité absolue sur ses
» enfans, en donnant tout ou partie de ses biens
» à tel ou tel de ses enfans qu'il préférait,
» jetta les premiers fondemens du despotisme
» politique. »

« Les sociétés qui furent soumises de gré ou
» de force au gouvernement d'un seul, furent
» bientôt tourmentées par un esprit de jalousie
» qui les livrèrent au choc tumultueux des dis-
» sensions civiles et à tous les maux et les
» désordres de *l'anarchie.* »

« Un Peuple, jaloux de sa liberté et de l'exer-
» cice de l'autorité suprême, se choisit des agens
» pour l'administration de cette autorité : ces agens
» s'approprièrent bientôt des pouvoirs dont ils
» n'étaient que les dépositaires. Ils employèrent les
» fonds publics à corrompre les élections, à se
» créer des partisans et à diviser le Peuple. Par
» ces moyens, de temporaires qu'étaient ces agens,
» ils se rendirent perpétuels ; puis d'électifs,
» héréditaires : et l'État agite par les brigues des

» ambitieux, par les largesses des factieux, par la
» vénalité des pauvres oiseux, par l'empirisme
» des orateurs, par l'audace des hommes pervers,
» par la faiblesse des hommes vertueux, fut tour-
» menté de tous les inconvéniens de la *démocratie.*

« Dans cet état de choses, des chefs égaux en
» force ou en crédit, se craignant mutuellement,
» firent des pactes impies, et se partageant les
» pouvoirs, les rangs et les honneurs, ils s'éri-
» gèrent en corps séparés, en classes distinctes,
» et s'asservirent en commun les Peuples qu'ils
» gouvernèrent sous le nom d'*aristocratie.*

« Parmi tant de compétiteurs, le plus fort
» ou le plus habile, le plus audacieux ou le
» plus heureux, prenant l'ascendant, réunit et
» concentra en lui seul l'autorité suprême, et,
» par un secret de l'art de la tyrannie, un seul
» homme fit peser sur des millions d'hommes,
» ses semblables, un joug de fer insupportable
» aux Peuples.

« Quelquefois, fatiguée de tant de désordres
» et de tant de maux, une nation, pour en
» diminuer la source, se choisit et se donna un
» seul maître dont l'autorité royale, qui prit
» le nom de *monarchie*, ne chercha trop sou-
» vent qu'à en étendre les limites. »

Dans ces diverses formes de gouvernemens
Populaire, démocratique ou aristocratique,

monarchique , despotique ou tyrannique , on
ne voit de part et d'autre que des oppresseurs
ou des opprimés , et tous les désordres qui naissent de l'abus de la force sur la faiblesse , tant
l'homme est de sa nature jaloux de l'esprit de
domination. « Et en effet, poursuit notre auteur
» des méditations sur les Empires, en observant
» l'esprit d'égoïsme qui sans cesse divisa les
» hommes, on voit que , dans tous les temps ,
» l'ambitieux fomenta adroitement cet esprit :
» en flattant la vanité de l'un , il aiguisa la
» jalousie de l'autre ; en caressant l'avarice de
» celui-ci, il enflamma le ressentiment de celui-là;
» il irrita les passions de tous en opposant les
» intérêts ou les préjugés ; il sema les divisions
» et les haines, en promettant aux pauvres les
» dépouilles des riches; il menaça un homme
» par un homme, une classe par une classe ;
» et, isolant tous les citoyens par la défiance,
» il fonda sa force sur leur faiblesse et leur im-
» posa un joug d'opinion dont les hommes se
» serrèrent mutuellement les nœuds. Par l'armée,
» cet ambitieux s'empara des contributions ; par
» les contributions, il disposa de l'armée, et par
» le jeu correspondant des places et des riches-
» ses, il enchaîna tout un Peuple d'un lien
» indissoluble, sous le sceptre du *despotisme*. »

Je n'étendrai pas davantage un extrait dont
le sujet, si intéressant par lui-même, présente

l'analogie la plus frappante de tous les évènemens historiques de notre révolution. (1) Passons à l'examen particulier de chacun de ces gouvernemens.

§ 6.

De la Démocratie et des Républiques.

DE tous les gouvernemens dont nous venons de donner une idée générale, en offrant celle de leurs inévitables abus dans tous les siècles et chez tous les Peuples du Monde, j'oserai dire encore aujourd'hui que l'*état démocratique*, c'est à dire, celui qui, reconnaissant la souveraineté du Peuple, réside essentiellement dans des pères, des juges ou des magistrats, et dans des chefs nommés par le Peuple, serait le plus désirable, parce qu'il est, sans doute, le plus juste, si les hommes n'étaient pas tourmentés par tant de passions dont ils sont les esclaves ; si l'égoïsme ou l'intérêt personnel n'était pas leur premier mobile ; si l'intrigue ne s'emparait pas toujours des élections, comme les intrigans des places et des honneurs ; si les honnêtes gens n'étaient pas aussi indif-

___

(1) L'ouvrage de M. de Volney, sur les révolutions des empires, fut esquissé en 1784 : il ne fut entièrement publié qu'en 1792.

férens qu'ils le sont sur leurs intérêts les plus chers ; si la justice et la vertu pouvaient régner en paix sur la terre, et si les hommes enfin étaient des anges et non pas des démons ; mais par malheur, la *démocratie* est, de tous les gouvernemens, le plus mauvais et le plus impraticable, chez une grande nation surtout, parce qu'en ouvrant la porte à toutes les espèces d'ambition, la foule immense des intrigans et des ambitieux ne tend qu'à tromper et agiter le Peuple, à le maintenir dans un état d'inquiétude et de mouvemens perpétuels de haines et de dissensions civiles, de guerres et de convulsions politiques et religieuses ; et qu'en résultat de tant d'agitations et de tant de malheurs, les Peuples finissent toujours, plutôt ou plutard, par se précipiter sous le joug d'un protecteur et, trop souvent, d'un insolent et cruel dominateur.

Le vice essentiellement inhérent à la démocratie, est de tendre sans cesse et d'arriver plus ou moins rapidement à la démagogie, c'est-à-dire à l'anarchie et à la tyrannie populaire ; bientôt après à l'aristocratie de plusieurs ou au sanglant despotisme d'un seul homme. Tel est le tableau historique de la démocratie, chez tous les Peuples anciens et modernes.

« Plutarque observe que, dans les révolutions » habituelles à la démocratie, c'est ordinairement » le plus méchant qui prospère et qui s'élève

» au plus haut degré de richesse et de puis-
» sance.

« Platon fait dire à Socrate que la démocratie
» est l'empire des méchans sur les bons et que
» la multitude qui exerce l'autorité souveraine
» est le plus cruel des tyrans. » (1)

Platon, qui peint si fortement dans ses œuvres
tous les maux que causèrent, d'une part, l'amour
d'une excessive liberté à la république d'Athènes,
sa patrie, et de l'autre, l'ambition et la fureur
des guerres à celle de Lacédémone, dit que la
conduite inégale, dure et turbulente de ces deux
républiques, éternelles et implacables ennemies
de toutes les autres villes de la Grèce, était aussi
insupportable à leurs alliés qu'à leurs propres
citoyens, « tant il est vrai, ajoute ce philosophe
» législateur, que les bizarreries d'un Peuple
» flatté ont quelque chose de plus fâcheux et
» de plus révoltant encore que celles d'un Prince
» gâté par la flatterie. » (2)

Combien ne fut pas turbulente et tyrannique
la république de ce Peuple-guerrier, dont le
sénat oppresseur, sans jamais cesser de lui parler
de liberté et de souveraineté (apparentes seulement dans la déclaration de ses actes publics,)

---

(1) Plutarque, vie de Nicias.

(2) Discours sur l'histoire universelle, 5.me partie, tome 4,
in-16, pag. 106-8.

lui fit supporter un joug de fer et traîner, avec un insultant orgueil, ses propres chaînes chez tous les Peuples de l'ancien continent.

> « En vain Rome à ses lois soumet la terre et l'Onde,
> » La discorde, au milieu des dépouilles du Monde,
> » Lève sa tête affreuse, et, s'emparant des cœurs,
> » Du malheur des vaincus vient punir les vainqueurs :
> » *Tant l'abus du pouvoir amène l'esclavage !*
> » Mais pourquoi recourir aux fastes du vieil âge ? » (1)

Quand l'histoire de toutes les républiques anciennes et modernes et celle de notre sanglante révolution, ne démontrent que trop la foule des maux attachés à la démocratie, quel serait le Peuple qui ne préfèrerait pas aujourd'hui, je ne dirai pas seulement la monarchie, mais encore la tyrannie d'un seul homme, à cette anarchique et effroyable démagogie, dont les fureurs sans cesse renaissantes comme d'un hydre à cent têtes, restent à jamais consignées dans l'histoire écrite en caractères de sang des Robespierre, des Marat, des Couthon, des Carrier, des Lebon, des Colot, et de tant d'autres monstres d'éternelle et horrible mémoire ? L'histoire d'aucun Peuple du Monde offre-t-elle l'image d'une aussi sanglante tyrannie que celle qu'exercèrent, à cette époque, ces quarante-huit mille comités révolutionnaires, composés chacun de cinq à six membres, choisis

---

(1) Poëme de la Pitié, chant II, Delille.

en trop grand nombre et presque partout dans les dernières classes du Peuple et parmi de véritables fanatiques, dont le défaut d'éducation, de religion, de mœurs ou de lumières en précipita un si grand nombre dans toutes les erreurs de la démagogie, tant d'autres dans toutes ses fureurs, et, quelques-uns d'eux, dans les derniers excès de la barbarie ?

Mais quand un des hommes, le plus passionnément épris de la démocratie, aussi distingué d'ailleurs par ses talens et ses connaissances étendues, qu'il doit être éclairé sur les erreurs et tous les maux qu'elle a produits dans notre révolution, a dit publiquement, *« que le systéme » républicain ne devait plus désormais être regardé » que comme une théorie rejetée parmi les abs- » tractions philosophiques, »* (1) on peut dire aujourd'hui, après une aussi forte autorité, que toute persévérance dans l'esprit de cette espèce de gouvernement chimérique, ne serait plus, chez les uns, que l'effet d'une aveugle erreur et chez les autres, celui de l'aveugle et fatale fureur des passions humaines.

Parmi les causes de désordre et de convulsions attachées aux gouvernemens démocratiques, l'abus des mots y devient presque aussi excessif que celui des choses : on entend parler de ces

____

(1) Mémoire (2.me) de M. Carnot. Paris, septembre 1815.

dénominations et de ces signes qui ne servent qu'à qualifier et à caractériser les factions et à en allumer les fureurs. A quels excès ne nous ont pas portés, en effet, les noms de liberté, d'égalité et de république, etc., quand, après vingt-cinq ans, nous ne sommes pas encore fixés sur la véritable acception qu'il soit permis aux Peuples d'attacher à ces mots de vertige et de fanatisme Populaire.

Quand mon sujet m'a conduit à proférer les mots de *liberté* et *d'égalité*, arrêtons-nous un instant à l'esprit de ces grands noms, dans l'examen de quelques - uns des premiers articles de la déclaration des droits de l'homme et du citoyen, qui les a consacrés dans le frontispice de notre premier édifice constitutionnel.

§ 7.

Des droits de l'Homme et du Citoyen.

La constitution Française de 1791, dit § I et III de la déclaration des droits de l'homme et du citoyen.

« I. Les hommes naissent et demeurent libres » et égaux en droits.

» III. Le principe de toute souveraineté réside
» essentiellement dans la nation. Nul corps, nul
» individu, ne peut exercer d'autorité qui n'en
» émane expressément. »

Ces principes ont sans doute toute l'apparence
de la justice ; mais dira-t-on pour cela qu'ils
soient aussi fondés de fait qu'ils semblent l'être
de droit, quand il est tant de choses justes aux
quelles il n'est malheureusement pas dans le
pouvoir des hommes d'atteindre en ce Monde ?
L'application de ces principes à nos institutions
sociales, aurait besoin de longs commentaires
pour être développée convenablement. Nous
nous bornerons à en parler aussi brièvement
que possible.

§ 8.

De la liberté Naturelle et Civile.

*L*ES *hommes,* dit cette déclaration, *naissent et
demeurent libres et égaux en droits.*

Les droits de l'homme en société doivent consister dans la libre jouissance de ses facultés
physiques et morales, en tant que cette jouissance
ne porte aucune atteinte à l'intérêt privé ou public
de la société.

E

L'homme ne peut être considéré que sous deux rapports ; dans l'état de nature ou dans celui de la société. Dans l'état de nature tout est soumis à la force ; or la force est le droit du plus fort et c'est elle qui, profitant de cette inégalité de la nature dans la condition humaine, s'arrogea ce droit sur la faiblesse, et força les faibles à se réunir en société, pour se soustraire à l'esclavage du plus fort.

L'homme est né libre, dit-on ! eh, comment entendre et interpréter ici cette assertion ? L'homme est-il né libre, quand il naît faible et dans l'entière dépendance de l'être gissant au lit de douleur, qui l'a mis au monde ? est-il né libre, quand ses premiers cris sont ceux de ses besoins et des nouveaux secours qu'il attend de sa mère ? quand ses premiers mouvemens sont ceux de sa faiblesse, dans ses premiers engagemens du long et douloureux combat de la vie et de la mort ? est-il né libre, quand il ressent déjà la faim et les douleurs ; quand il a besoin de la lisière pour assurer ses premiers pas ? est-il né libre quand, parvenu à l'âge de l'adolescence, il est déjà soumis à l'envie et à la jalousie ? est-il libre quand, conduit par la sagesse de ses parents, il va se préparer dès son bas-âge dans l'instruction et la discipline des écoles, à connaître ses autres passions naissantes pour les combattre et les vaincre sur le théâtre du Monde où il marche à grands pas ?

est-il libre quand, plein de santé et de vie, dégagé des liens de l'enfance, il retombe l'esclave des fougueuses passions de la jeunesse, soumis à l'amour, ce tyran des cœurs, à l'ambition, ce tyran de l'âge mur ? l'homme est-il libre enfin quand, soumis à toutes les maladies et aux infirmités de la triste et languissante vieillesse, il retombe, avant de disparaître pour toujours aux yeux de ses semblables, dans cet état de débilité et de décrépitude qui lui annonce le terme de ses jours et le néant de son être ?

Quelle est donc cette liberté de l'homme sujet à tant de besoins, à tant de maux, esclave de tant de passions, chargé de tant de liens forgés par ses propres mains pour l'empêcher d'en abuser; mais si, rejetant les vagues et fausses interprétations de cette liberté naturelle que la multitude confond toujours avec la licence dans les révolutions populaires, nous cherchons à la définir en l'identifiant à nos institutions sociales, nous dirons après diverses autorités :

« Sous le nom de liberté, dit Bossuet, les » Romains se figuraient avec les Grecs un état » où personne ne fût sujet que de la loi, et où » la loi fut plus puissante que les hommes. (1)

» La liberté, dit Montesquieu, consiste principa- » lement à ne pouvoir être forcé de faire une chose

---

(1) Discours sur l'histoire universelle, Bossuet, 3.me partie, tome IV, in-16, page 120.

» que la loi n'ordonne pas ; les Peuples libres étant
» ceux qui vivent sous des lois civiles. (1)

» La liberté, d'après notre constitution de 1791,
» consiste à pouvoir faire tout ce qui ne nuit pas
» à autrui... Les bornes de cette liberté ne pou-
» vant être déterminées que par la loi. » (2)

Toutes ces définitions me semblent trop vagues : je voudrais les préciser et les exprimer ainsi. *La liberté des Peuples, essentiellement fondée sur des lois civiles et communes à tous les citoyens, doit avoir pour base la justice, le maintien de l'ordre, le respect des propriétés et l'affranchissement de toute espèce de servitude, autre que celle des lois. Esclave de la patrie, la liberté a le bien public pour étendue et le mal pour ses justes limites.*

C'est seulement à l'esprit de cette définition qu'on doit borner la jouissance de la liberté des Peuples, dont *la licence*, qui n'en est que la fausse idole, a causé tant d'erreurs et tant de maux sur la terre. Mais avant de passer outre, cherchons à poser de nouvelles bornes à cette autre espèce de liberté que l'esprit de parti veut ériger en nouveau fantôme, en éternisant les abus et les maux que l'invention de l'Imprimerie a fait naître chez les Peuples modernes de l'Europe.

----

(1) Esprit des lois, livre 26, chap. 20, tome 3, in-12.

(2) Déclaration des droits de l'homme et du citoyen. § IV. V. Constitution de 1791.

§ 9.

De la liberté de la Presse, et de l'Imprimerie.

DE toutes les inventions dépendantes de l'esprit humain, une de celles qui peut faire le plus de bien ou le plus de mal est, sans doute, celle de l'imprimerie.

S'il est reconnu que c'est à l'imprimerie que l'on est redevable de la propagation des connaissances physiques et morales en Europe, on doit avouer que ces lumières n'en ont encore éclairé les peuples que d'une manière aussi diverse que celle qu'on observe dans le caractère national qui les distingue ; loin de les avoir éclairés, ces lumières, semblables à ces feux folets, ont tellement ébloui les yeux de la multitude, qu'à peine leur font-elle distinguer la véritable couleur des hommes et des choses.

La liberté de la presse doit, dit-on, *servir à éclairer le conseil des Rois, comme la voix du peuple doit en frapper l'oreille ; elle est la sentinelle qui veille sans cesse aux intérêts du peuple ; elle est, en un mot, le palladium de sa liberté.*

E.

C'est cette maxime que l'assemblée constituante a consacré dans l'article XI de la déclaration des droits de l'homme, de 1791.

« La libre communication des pensées et des » opinions, est un des droits les plus précieux » de l'homme : tout citoyen peut donc parler, » écrire, imprimer librement ; sauf à répondre » de l'abus de cette liberté, dans les cas déter- » minés par la loi. »

Cette question est délicate : le principe en est captieux, car l'expression qui la proclame, est vraie et fausse tout à la fois, dès que l'application peut en être bonne et utile, mais trop souvent dangereuse et funeste dans des temps de discordes civiles.

Il est nécessaire, sans doute, que le peuple ait une garantie contre l'usurpation, c'est-à-dire, contre l'abus de la domination ; mais il est juste, et il importe aussi que l'autorité du Prince ne soit pas journellement exposée à des attaques ni à des paroles inconvenantes, et encore moins à des écrits ironiques qui l'avilissent aux yeux du peuple ; car le peuple est bien prêt à briser l'idole qu'il a cessé de respecter. Il doit donc suffire au peuple que le dépositaire de l'autorité souveraine soit livré au jugement que l'histoire en transmet à la postérité ; car la personne du Prince doit être sacrée, comme l'arche sainte chez les Hébreux.

Le but essentiel des lois ne consiste pas seulement à réprimer et à punir les délits et les crimes qui portent la désolation dans toute espèce de société ; mais il consiste surtout à les prévenir, et c'est à les prévenir que réside toute la sagesse des lois, quand la vengeance en est réservée à la justice.

L'on ne peut assurément pas se rappeler cette foule d'écrits et de discours éloquens, qui ont paru depuis plus de vingt ans sur la liberté de la presse ; mais je parlerai de ceux qui ont été consignés dans les feuilles de nos journalistes, à l'époque où cette importante question fut agitée de nouveau dans le sein de la représentation nationale, ainsi qu'à la chambre des Pairs. Eh bien ! qu'est-il resulté de ces nouvelles discussions à ce sujet ? qu'on lise aujourd'hui les discours prononcés, d'une part, contre les abus de cette *liberté illimitée,* par le ministère Royal, et de l'autre, en sa faveur, par les apologistes de cette même liberté, et l'on sentira de quel côté était cette prévoyante sagesse du véritable législateur, ou cette aberration d'opinion qui, depuis vingt-cinq ans, a tour-à-tour flatté, trompé, égaré, trahi et vendu le peuple au parti qui, tour-à-tour, l'a dominé avec un sceptre de fer !

Nous allons rapporter ici quelques passages les plus marquans du discours du ministre, M. de

Fleury, prononcé à la chambre des députés, dans sa séance du 6 août 1814. (1)

« La liberté, dit M. de Fleury, est un don
» de la nature, antérieur à toutes les chartes ;
» mais comme, dans l'état de nature, la liberté
» de chaque individu se trouve nécessairement
» paralysée par la liberté de tous, les hommes
» ont senti que, pour ne pas la perdre toute
» entière, il leur convenait de la mettre en
» commun ; ils ont en conséquence consenti à
» faire le sacrifice d'une partie de leur indépen-
» dance, pour pouvoir jouir de l'autre avec plus
» de sécurité : tel est le principe de toutes lois. »

On voit donc que la liberté individuelle est nécessairement dépendante de la liberté publique : et en effet, tout n'est-il pas dépendance, entraves et esclavage, pour ainsi dire, dans l'ordre social, comme dans l'état de nature ? L'enfant ne dépend-t-il pas de ses parens ? le citoyen de ses devoirs envers la patrie qui réclame ses bras quand elle est en danger ? n'est il pas tenu à une soumission absolue aux lois de son pays ? La moitié du genre humain ne dépend-t-elle pas de l'autre par sa faiblesse naturelle ? car l'hymen qui n'existe pas dans l'état de nature, n'est dans la société qu'un esclavage dont les chaînes sont

____

(1) Voir le Moniteur universel, n.° 220, du 8 août 1814.

plus ou moins légères, mais bien pesantes, hélas, quand les fleurs n'en forment plus les liens ! et cependant, que deviendrait la société, si la religion, secondée de la sagesse de nos lois, n'avait pas sanctifié les liens civils qui attachent la femme à l'homme, quand le sentiment ou la force les rend esclaves l'un de l'autre dans la nature ? Les citoyens eux mêmes ne sont-ils pas soumis entre-eux à des égards, à des convenances réciproques qui naissent de notre état de civilisation ? Les costumes et les modes elles mêmes, ne sont-elles pas une espèce de joug dont l'inconstance et le caprice leur soumettent la jeunesse et jusqu'à la vieillesse ? Enfin, dans toutes les classes de la société, ne voit-on et ne reconnaît-on pas la nécessité de la dépendance ?

C'est surtout dans l'état militaire où l'homme a le plus chargé lui même sa liberté de chaînes forgées par ses propres mains ; et cependant, quel ordre admirable ne résulte-t-il pas de cette sévère et indispensable discipline, qui condamne à la mort le soldat ou l'officier qui manque au respect dû à ses chefs ! Et n'es-t-il pas admirable, en effet cet ordre qui, faisant la force et la sûreté des Empires, soumet à un seul chef la volonté, c'est-à-dire la liberté de tous ? et qui, réunissant comme en un seul faisceau des milliers de braves, les soumet à sa voix et les fait voler également à la victoire ou à la mort ?

Mais revenons à cette liberté idéale, à laquelle quelques hommes animés seulement par des intérêts personnels, ne veulent aucune espèce d'entraves, quand les hommes eux mêmes ont été forcés d'en mettre autant dans toutes les parties de leurs institutions sociales.

« Quoi ! poursuit M. de Fleury, il est reconnu
» qu'on doit arrêter le poignard des mains de
» l'assassin, la coupe de celles de l'empoisonneur,
» la torche de celles de l'incendiaire ; et il ne
» serait pas permis de prévenir la publication
» d'un écrit qui va porter la désolation sous
» le toit d'un citoyen paisible, qui va flétrir
» l'honneur de sa femme et de sa fille, qui
» va empoisonner les bonnes mœurs et qui peut
» porter tout un peuple à la révolte ?

« La liberté d'emettre et d'imprimer son opi-
» nion, dit-on, est un droit naturel ; il est si
» beau, si sacré, qu'on ne doit lui donner aucune
» entrave ! *Il ne faut jamais violer les principes :*
» mais, répond ici l'orateur, les hommes sont-ils
» faits pour les principes ou les principes pour
» les hommes ?... Périssent les Colonies, s'est
» écrié à la tribune révolutionnaire, un can-
» nibale de notre révolution, poursuit le mi-
» nistre ; eh bien ! que les mânes de ce cannibale
» qui a succombé sous la hache révolutionnaire
» soient satisfaits ! elles ont péri les Colonies,
» et, avec elles, trente mille blancs égorgés

» à Saint - Domingue... Pourquoi chercher à
» favoriser les débordemens de la presse ?...
» Est-il aussi aisé de faire rentrer un torrent
» débordé dans son lit, que de l'empêcher
» d'en sortir ?... La liberté de la presse n'est
» que la liberté du plus fort ; on la réclame
» pour tous, on ne la désire que pour soi...
» Cette liberté n'a été, depuis notre révolution,
» qu'une massue qui a servi tour-à-tour et dans
» la main du plus fort à terrasser le parti le
» plus faible. »

Il faudrait rapporter ici le discours en entier
de M. de Fleury, si l'on voulait en citer tous
les passages aussi lumineux que brillans de force
et de vérité : j'y renvoie les lecteurs amis des
vrais principes. Qu'ils le relisent, aujourd'hui
que les malheureux événemens n'ont que trop
justifié les craintes de la prévoyante sagesse de
ce ministre !

Quels sont donc ces hommes assez ombrageux,
assez indociles au joug d'un gouvernement aussi
modéré, aussi paternel, aussi libéral qu'il puisse
l'être, qui confondent ou qui n'ont pour but
que de faire confondre au peuple la liberté
avec la licence ! N'est-ce pas, en effet, cette
licence qui a fait naître ces divers partis, dont
le tumultueux conflit des opinions déchire depuis vingt-cinq ans le sein de la mère patrie !
N'est-ce pas cette licence qui a armé, les uns

contre les autres, cette foule de journalistes que d'aveugles et imprudens démagogues et, peut être, trop coupables factieux, ont voulu et veulent encore nous donner comme des publicistes appelés à régénérer l'Europe ! N'est-ce pas à cette licence ou *liberté illimitée*, que nous devons cette effrayante multitude de romans et de livres obscènes qui corrompent les mœurs, ébranlent nos opinions civiles et religieuses, et qui portent dans nos ames qu'ils dessèchent, cette désolante et affreuse inquiétude de l'avenir, en sappant ainsi les fondemens de l'ordre social !

Comment, poursuivrai-je encore, nous avons reconnu qu'il était nécessaire de défendre au pharmacien de vendre des drogues dangereuses, de n'en livrer même d'aucune espèce que sur une ordonnance écrite du médecin ; nous avons de plus reconnu qu'il était également sage et nécessaire de soumettre à un jury de doctorat, les professions, utiles sans doute, du pharmacien, du chirurgien et du médecin, pour en éloigner cette foule d'ignorans et de charlatans qui se traînent à leur suite ; et nous ne soumettrions pas à un jury d'admission tous les hommes qui se livrent au commerce de l'imprimerie, dont la profession devrait être moins mercantile et plus libérale, quand l'intérêt et l'immoralité peuvent la dégrader et la rendre si dangereuse aux mœurs et à l'ordre social ? Comment, enfin, ne verrions-nous et ne sentirions-nous pas, après vingt-cinq années d'épreuves et de discordes civiles et religieuses, que nos malheurs dérivent aujourd'hui, en grande partie, de l'abus de la liberté de la presse ? Hélas ! si dans le conflit affligeant de l'aberration de nos idées et de nos opinions sur l'usage de cette liberté, nous voulions être de bonne foi, nous verrions que, sur vingt-cinq millions de Français, un millier au plus, peut-être, ne crient tant après cette liberté, que parce qu'ils y sont personnellement plus ou moins intéressés.

J'aime aussi la liberté, et celle de la presse, dont j'use en ce moment, et dont certainement la République ne m'aurait pas ainsi laissé user, impunément du moins, à ce temps déplorable où la France retentissait de toutes parts des noms *de liberté, d'égalité, de fraternité et de mort* ; quand, de tant de grands noms, on ne voyait en effet que la mort armée d'une nouvelle faux, véritable hache révolutionnaire, en réaliser la chose.

J'aime aussi la liberté de la presse ; mais je ne veux pas qu'elle soit dans les mains du premier commerçant en révolutions une cloche à tocsin, dont le lugubre son, pour nous tenir éveillés sur les droits de nos libertés et constitutions, nous maintiendrait dans d'éternelles convulsions politiques.

J'aime enfin la liberté et l'égalité, car je m'affligerai toujours, avec les bons Français, de tous les abus de telle domination que ce soit, et de ceux qui pourraient naître aujourd'hui de l'oubli et du mépris de la charte de notre monarchie constitutionnelle : toujours j'abhorrerai la tyrannie à l'égal de l'anarchie populaire ; mais je veux une liberté sage et tempérée, essentiellement fondée sur l'amour de la patrie, sur le respect dû à ses lois, à sa constitution, comme sur le respect et l'amour du Prince.

Les Français, dont le caractère vif et léger les porte à chansonner avec esprit comme à plaisanter sur toutes sortes de sujets (car n'avons-nous pas mis en vaudevilles les deux premières de nos sept à huit constitutions ?) ont aussi cherché à jeter le voile du ridicule sur les hommes sages qui veulent mettre quelques entraves si nécessaires à la liberté *illimitée* de la presse, par l'institution de *l'ordre de l'éteignoir*. L'idée n'en est pas si mauvaise qu'elle le paraît d'abord, si nous parvenons, comme on doit le désirer, à rallier tous les hommes dignes au fond d'être admis chevaliers de cet ordre en France, pour y éteindre, en effet, tous ces feux folets dont les fausses lumières nous éblouissent ; pour y éteindre les feux de nos passions qui nous ont jetés dans les convulsions de notre délire moral et politique ; pour y éteindre enfin toutes ces torches allumées par nos libellistes et nos folliculaires, et dont les brandons, colportés avec leurs feuilles incendiaires dans nos cités et jusques dans nos champs, ont causé cet incendie qui, après avoir dévoré la France, a menacé de ravager également et l'Europe et le Monde.

L'Angleterre, que nous citons trop souvent pour sa constitution libérale, n'a-t-elle pas été forcée elle même de mettre enfin des bornes à la liberté de la presse comme à sa liberté nationale, dans les temps de troubles et de guerres civiles ?

Reconnaissons donc, ô mes amis, que tant que le gouvernement monarchique, en France, reposera sur la sagesse de bonnes lois, sur sa charte constitutionnelle ; que la religion de l'état et de bonnes mœurs en seront la base, et que les mandataires du peuple en seront les premiers et fidèles gardiens, le peuple n'a pas besoin d'autre flambeau pour l'éclairer, et le Prince avec lui, sur les intérêts de la commune patrie ; et qu'enfin c'est à ses mandataires seuls, et non à des journalistes non commissionnés à cet effet, qu'il appartient de confier, dans des temps de troubles, l'usage de cette pleine et entière liberté de la presse, pour n'en user cependant, qu'avec cette ferme mais décente modération qui constitue la dignité et la sagesse du véritable législateur.

§. 10.

Des Opinions et de leur liberté.

Les opinions sont libres et cette liberté innée dans le cœur de l'homme, est vraiment la seule à laquelle aucune force humaine ne peut imposer de lois, parce que les hommes ne peuvent étouffer entièrement dans leur cœur la voix de la nature. Filles de la pensée, cette souveraine des hommes sur la terre, comme elle les opinions doivent jouir de toute leur liberté, et régner également sur l'esprit et dans le cœur des hommes.

Mais, de ce que les opinions sont libres, il ne s'ensuit pas qu'il convienne toujours de les exprimer hautement, et de les professer publiquement surtout, quand elles peuvent troubler l'ordre social : ce sont là de ces vérités trop frappantes pour avoir besoin de les développer.

Le vieux proverbe des Latins, et c'est celui de toutes les Nations, dans tous les temps, nous dit : *Tot capita, tot sensus,* (autant de têtes, autant d'opinions).

On ne doit pas plus s'étonner, en effet, de la variété des opinions religieuses, civiles et politiques parmi les Peuples et les Nations, que de celle de leur figure, de leurs costumes, de leur caractère et de leurs mœurs ; quand l'homme tient essentiellement sa nature de la variété des climats de la terre.

On ne doit pas plus disputer des opinions et encore moins se déchirer pour elles, que des goûts et des couleurs ; puisqu'il est vrai que nos sens ne nous permettent, par leur organisation (et cette propriété est commune à tout ce qui respire sur la terre), que de voir, de sentir ou de penser de telle ou telle manière. L'homme doué d'une raison particulière à son espèce privilégiée, peut néanmoins user de sa raison pour en discuter ; toute discussion à leur sujet peut même en être vive ou animée, suivant l'intérêt des choses, mais cela ne doit être que pour s'éclairer et se réunir d'opinion ; car il importe aux Peuples soumis aux lois d'un même Empire de penser et d'agir de la même manière. Et en effet, si chaque membre de toute société voulait discuter des lois, et se régir individuellement suivant des vues particulières, il y aurait mésintelligence, schisme ou division, et bientôt dissolution du corps social ; car plus de société ni de Gouvernement dès que l'anarchie s'en empare.

C'est donc à s'éclairer et à se réunir d'opinions que doivent tendre les membres de toute espèce de société, les Citoyens de toute espèce d'Empire. Les Peuples doivent chercher surtout à éviter tout esprit de parti qui naît du choc des opinions intolérantes que les factieux ne manquent jamais de maîtriser avec habileté, pour allumer les factions qui en sont les œuvres. J'en parlerai plus bas : parlons présentement de l'égalité, cette compagne inséparable de la liberté, et dont l'esprit de vertige se signale également dans toutes les révolutions des Peuples.

§ II.

De l'égalité naturelle et civile.

J'AI dit que l'article I.er de la déclaration des droits de l'homme, dans notre constitution de 1791, portait textuellement : « Les hommes nais- » sent et demeurent libres et égaux en droits. « Et par l'article VI : la loi doit être la même » pour tous, soit qu'elle protège, soit qu'elle » punisse ; tous les Citoyens étant égaux à ses » yeux. »

Ces principes sont justes assurément, mais encore ont-ils besoin d'être interprétés dans leur véritable sens.

« Sitôt que les hommes sont en société, dit
» l'esprit des lois, ils perdent le sentiment de
» leur faiblesse : l'égalité qui était entre eux
» cesse, et l'état de guerre commence. (1)

« Dans l'état de nature, poursuit le même lé-
» giste, les hommes naissent bien dans l'égalité,
» mais ils ne peuvent y rester ; la société la leur
» fait perdre, et ils ne redeviennent égaux que
» par les lois.

« Il y a deux sortes d'inégalités parmi les hom-
» mes, dit J. J. Rousseau (2) : l'une est naturelle
» ou physique ; l'autre est morale ou politique.
» L'une est établie par la nature et l'autre par
» les hommes. »

Les opinions de ces deux célèbres légistes et philosophes du dix-huitième siècle ne concordent
pas parfaitement, comme on le voit. Le sentiment du philosophe de Genève paroît être
plus juste ; et, en effet, comment les hommes
naîtraient-ils égaux dans l'état de nature, à moins
d'entendre par cette expression captieuse la manière uniforme qui les fait naître, vivre et mourir,
physiquement parlant ? Mais leur condition,

----

(1) Esprit des lois. Livre I.er, chapitre III et livre VIII,
chapitre IV, tome 1.er

(2) Discours sur l'inégalité des conditions parmi les hommes,
J. J. Rousseau. Amsterdam, 1755.

leur destinée sont elles égales pendant leur vie?
On les trouve au contraire si diverses, qu'on est
forcé de reconnaître que l'égalité ainsi que la
liberté, n'existent pas plus dans la nature que
dans nos institutions sociales. Et, en effet, l'homme né avec une faible constitution ou valétudi-
naire, ne marchera jamais l'égal de l'homme plein
de vie, de santé et de force ! L'homme idiot
ne sera jamais l'égal de l'homme industrieux,
de l'homme de génie ! Le débauché et le crimi-
nel ne seront jamais les égaux de l'homme probe,
de l'homme vertueux ? et si l'égalité que quelques
fanatiques tourmentés de l'esprit de trouble et
d'agitation ont voulu porter jusques à celle des
fortunes par l'établissement de *la loi agraire*, (1)
pouvait être en vigueur un seul jour dans quelque Peuplade obscure, y existerait-elle, on le
demande, le lendemain ou quelques jours seulement après ? L'indolent ou l'infirme, le paresseux
ou le dissipateur n'auraient-ils pas bientôt perdu
tout ou partie du lot que le sort leur aurait
assignés ? *De l'inégalité naturelle* et incontestable
entre le faible et le fort, le lâche et le brave,
le pauvre et le riche, l'idiot et l'homme de
génie, on voit que naissent naturellement encore

---

(1) La loi agraire n'est qu'une loi chimérique, monstrueuse
et anti-sociale. L'idée de cette loi, d'une exécution impraticable,
ne peut avoir été conçue que dans des temps de troubles et de
révolutions, et enfantée seulement par les projets ambitieux de
quelques novateurs.

dans l'état de société, le serviteur et le maître, le maçon et l'architecte, l'ignorant et le savant, le soldat et le chef, l'officier et le général, les petits et les grands, les grands et le Prince, les sujets et le Roi. Bien loin de cette chimérique égalité, l'inégalité, si constante et si générale dans les conditions humaines, est une des choses qui contribue le plus, avec les bonnes lois et la religion surtout, cette mère des bonnes mœurs, à l'ordre, à l'harmonie et au bonheur public dans toutes les classes de la société.

Mais si l'égalité n'existe pas dans la nature, dira-t-on, avec assez de raison, c'est précisément pour cela que nous voulons l'établir dans nos institutions sociales. L'égalité que nous voulons et à la jouissance de laquelle nous prétendons, est celle qui, détruisant toute classe privilégiée, admet indistinctement tous les citoyens aux rangs et aux honneurs civils et militaires. Ces prétentions paraîtront toujours justes, abstraction faite de toutes considérations politiques ; mais J. J. Rousseau, cet apôtre de la liberté des Peuples, dit formellement que *l'égalité qui n'existe pas dans la nature, est impossible dans l'état de civilisation des Peuples.* (1) Tout en egayant ici ma politique, il ne me sera pas difficile de prouver que notre philosophe est

______

(1) Discours sur l'inégalité des conditions parmi les hommes. (notes.) J. J. Rousseau.

H

assez fondé dans cette opinion, en rapportant le texte français de cette politique générale et universelle que nous aimons tant à tenir envers la plus belle moitié du genre humain, et dont les principes ne manquent jamais d'exciter le souris de notre vanité, quand le sentencieux Arnolphe dit gravement à sa pupille, au moment où il croit en faire sa femme. (1)

Du côté de la barbe est la toute puissance.
Le beau sexe n'est là que pour la dépendance :
Bien qu'on soit deux moitiés de la société,
Ces deux moitiés pourtant n'ont pas d'égalité :
L'une est moitié suprême et l'autre subalterne ;
L'une en tout est soumise à l'autre qui gouverne,
Et ce que le soldat, dans son devoir instruit,
Montre d'obéissance au chef qui le conduit,
Le valet à son maître, un enfant à son père,
A son supérieur le moindre petit frère,
N'approche point encor de la docilité,
Et de l'obéissance et de l'humilité,
Et du profond respect où la femme doit être.
Pour son mari, son chef, son seigneur et son maître.

Arnolphe, comme on le voit, n'entend pas laisser jouir la moitié du Monde d'une plus grande liberté que d'une trop juste égalité ; et s'il n'avait pas raison de droit, il l'aurait au moins de fait, car selon notre bon fabuliste ;

La raison du plus fort est toujours la meilleure.

Voilà ce qu'on appelle raisonner solidement,

---

(1) École des Femmes. Molière.

surtout en politique, diront les censeurs ! Eh !
mais, ne suis-je pas Français ! je puis donc mêler
aussi l'enjoué au sérieux, sans cesser de parler
et de raisonner également juste. Et, en effet,
quel serait donc l'esprit d'une injustice aussi manifeste qui, dans tous les temps et chez tous les
Peuples du Monde, civilisés ou non, aurait généralement soumis la moitié de l'espèce humaine à
l'autre dans la jouissance de leur prétendue égalité, si cette injustice n'était pas fondée autant
sur la nature elle même, que sur des considérations civiles et morales, du sentiment et de
l'avis même des deux parties intéressées ? Mais
dans ce cas incontestable, l'état civil admet donc
des principes d'*inégalité*, ou certains privilèges
dans notre état de société ? C'est là où je voulais en
venir, car c'est là ce que nous devons bien concevoir et que nous ne devons jamais oublier pour
l'ordre, la paix et le bonheur de l'homme civilisé,
c'est-à-dire des hommes réunis en société.

Une maxime fondamentale et de toute justice
en fait de société, est que chaque individu qui
la compose, doit en retirer des intérêts propor-
tionnels à sa mise de fonds et à son industrie.
Or comme ces mises ne sont jamais égales, et
je l'ai assez démontré plus haut, il doit donc
exister des différences, c'est à dire des inégalités dans les avantages que les membres de
cette société doivent en retirer individuellement.

Mais c'est assez en dire ; car si nous sommes de bonne foi , nous reconnaîtrons que la nature, dans la prodigieuse variété de ses productions, n'a rien créé d'égal : que l'égalité n'existe pas plus dans la nature que dans la condition humaine. Nous devons donc nous borner dans notre état de société , puisque les maux attachés à notre état de nature nous ont forcés de nous réunir en société, à jouir en paix de la seule égalité admissible dans le principe de cette loi vraiment juste et libérale , et que je crois devoir ainsi définir.

L'égalité civile consiste dans la justice de la loi qui, voyant du même œil tous les citoyens des diverses classes de la société, de tout état, les protège, les récompense ou les punit indistinctement; mais chacun dans son rang, suivant son mérite , ses services et ses bonnes ou mauvaises œuvres.

Je ne me suis étendu sur cet article que parce que ce sujet, malheureusement trop banal , a été, comme il l'est encore, le prétexte et l'une des causes de toutes les erreurs et de tous les maux des révolutions populaires : j'aurai occasion d'en dire encore quelque chose ; je reprends le sujet auquel m'avait amené l'abus de la liberté des opinions intolérantes , j'entends parler des factieux et des factions.

§ 12.

Des Factieux et des Factions.

Les factieux sont des hommes d'un naturel inquiet et turbulent ; novateurs imprudens, on les voit toujours en adroits intrigans que l'ambition agîte et tourmente, travailler sourdement à troubler et renverser l'ordre social. Les révolutions sont leur élément et toujours elles en sont les œuvres ; les factieux sont donc des hommes méchans et corrompus, ennemis du repos public. On peut dire qu'ils sont aux gens honnêtes et paisibles, ce que les loups sont aux agneaux, *circum semper quærentes quas devorent:* habiles à égarer l'opinion publique par des discours mensongers de la plus basse et de la plus grossière flatterie, ils finissent toujours par la corompre et la mépriser, dès qu'ils sont parvenus à la maîtriser. Dans toutes les revolutions on les voit se répandre, circonvenir et flatter le Peuple, dont ils sont les éternels courtisans, pour le rendre le jouet et l'aveugle instrument de leurs projets ambitieux.

« Quant aux factions, depuis les Gracques et
» depuis Catilina, dit un de nos journalistes,
» (1) l'art en a été toujours le même jusqu'à nos
» jours. Les Gracques et Catilina prétendaient
« avoir pour eux l'immense majorité du Peuple
» Romain ; ils déchiraient la patrie en s'en pro-
» clamant les sauveurs ; ils allumaient les fureurs
» de la multitude en déclamant sans cesse contre
» la vertu, contre les richesses ; en signalant
» les Patriciens comme les artisans des discordes
» publiques ; Ciceron qui seul sauvait Rome,
» comme l'ennemi de Rome, et les magistrats
» fidèles à leurs sermens, comme des traîtres
» et des conspirateurs.

» Un parti se disait le Peuple, et appellait
» le Peuple un parti : des séditieux, des for-
» cenés parlaient sans cesse de *salut public :*
» ils invoquaient la justice, la raison, l'antique
» probité, et quand Rome allait être livrée au
» pillage, quand les torches de l'incendie me-
» naçaient la ville éternelle, et que les poignards
» aiguisés dans l'ombre allaient égorger les ci-
» toyens, il n'était question que des droits du
» Peuple, de la conservation des principes et
» du triomphe de l'humanité.

» En relisant Salluste et Ciceron, on trouve

---

(1) Journal de la Quotidienne, n.° 189, du 8 juillet 1815,
article politique.

» le secret de l'art des factions : on connaît leur
» marche et leur but. Les factions se composent
» toujours d'hommes tarés et perdus dans l'opi-
» nion publique, de coupables qui cherchent
» l'impunité dans le désordre, courent à la tri-
» bune en fuyant l'échafaud et d'une tourbe
» imbécille, toujours trop disposée à croire que
» ses amis sont ses ennemis ; que ceux qui brouil-
» lent tout, qui perdent tout, sont ceux qui
» veulent tout sauver. La calomnie même la plus
» absurde est reçue par des oreilles faciles ; elle
» circule et s'accrédite, parceque la multitude
» finit souvent par croire ce qu'elle entend sans
» cesse répéter. »

Après ce tableau des factions qui déchirèrent le sein de Rome, cette orgueilleuse dominatrice de l'ancien Monde, il est sans doute inutile d'esquisser celui de ces nombreuses factions qui, depuis vingt-cinq ans, déchirent le sein de notre patrie. La ressemblance en serait trop frappante. Que l'histoire mensongère cesse donc de nous vanter la valeur et les vertus de ce Peuple-roi dont la tyrannique domination couvrit, comme celle de la république Française, les Gaules, la France et l'Europe entière de ruines et de cendres ensanglantées.

§ 13.

Des Révolutions.

LES révolutions des Peuples naissent d'ordinaire de l'esprit de parti, de l'ambition de quelques novateurs, de l'excès du luxe et de la corruption des mœurs qui en est la suite funeste, ou du mépris et de l'abandon de la religion de l'état. C'est alors que la fureur des factions entraîne le fanatisme politique ou religieux et que le Peuple, toujours avide de nouveautés, s'y trouve entraîné comme le jouet éternel et l'aveugle instrument des factieux et des factions.

Les révolutions naissent aussi des désordres d'une cour corrompue, et des excès de la tyrannie des grands et d'un despote. Si les auteurs de celles ci en étaient les seules victimes, la loi naturelle de toutes les nations en ferait justice, et la justice en serait satisfaite ; mais les Peuples ont toujours à souffrir de toute espèce de révolutions, comme Horace et Lafontaine nous l'apprennent. (1)

Quidquid delirant reges, plectuntur Achivi.

« Hélas ! on voit que de tous temps
» Les petits ont pati des sottises des grands. »

---

(1) Horatius liber I, epist. II.
Lafontaine, livre II, fable IV.

C'est avec non moins de fondement que l'histoire de notre république peut donner lieu à cette autre maxime :

Quidquid delirant gentes, plectuntur Reges et Populi:

On peut comparer les révolutions à un torrent de sang, dont le débordement en inondant les villes et les campagnes, dépouille les terres riveraines de toute espèce de propriété et d'habitations, et dont les eaux rapides et fangeuses en transportent au loin les débris dispersés dans le vaste abîme des mers.

C'est à la sage prévoyance du Prince qu'il appartient de prévenir et d'arrêter, surtout dès le principe, tout esprit de révolte et de sédition :

Principiis obsta, ne serò medicina paretur,...

dit le proverbe de Seneque. On prévient les révolutions par une suppression lente et progressive de ces abus signalés par la clameur publique ; car les Princes ne doivent pas trop s'écarter de l'esprit de leur siècle ; ils doivent même le suivre d'assez près, sans jamais néanmoins s'y laisser entraîner : mais pour cela, ils doivent se garder surtout de l'esprit de ces innovations trop brusques dans les lois, dans les mœurs ou dans les coutumes des Peuples : si la réforme des abus ne demande qu'une prudence ordinaire, les innovations dans les lois exigent d'autant plus d'habilete qu'elles sont dangereuses et funestes, quand elles ne sont pas faites à temps et par le temps.

Un des principaux moyens de prévenir l'esprit de révolte, est de veiller sans cesse à l'égale répartition de l'impôt, à en rendre autant que possible le tribut léger et la perception simple et facile; à veiller encore à ce que la justice soit rendue avec exactitude et l'esprit d'impartialité qui doit en être le caractère; car il n'y a rien qui porte plus les Peuples à la révolte que l'injustice et la surcharge des impôts. (1)

Il importe surtout au Prince de ne jamais laisser le Peuple se rendre justice par lui-même, et pour cela, il ne doit pas attendre que la clameur publique la sollicite; car le Peuple

______

(1) On ne peut trop se rappeler cette terrible sédition qui éclata inopinément parmi le Peuple de Naples, le 16 juillet 1647, et qui se répandit avec la rapidité du vent qui souffle et accroît la fureur d'un incendie. La surcharge d'un impôt sur les denrées de cette Capitale, à laquelle Charles-Quint avait accordé le privilège de n'en point établir sans le consentement de la cour de Rome, en fut le prétendu prétexte. Mazanielle, homme de la classe du Peuple, né avec un caractère ardent et audacieux, doué d'une sorte d'éloquence naturelle, mais grossière, qui en impose toujours au Peuple, en fut le principal fauteur. Dès le deuxième jour de cette sanglante révolte, cet homme se trouva à la tête de près de cent cinquante mille hommes armés à la hâte. Huit jours après, ce chef avec ses principaux partisans furent horriblement massacrés par le même Peuple qui l'avait porté en triomphe quelques jours avant, et le sac de Naples ne cessa qu'avec ces dernières scènes de carnage. Voyage de Naples, par M. de S.t-Non. Vol. 1.er infol. Paris 1781.

est ce torrent dont on vient de parler, et dont la fureur est si difficile à arrêter, quand ses eaux ont une fois franchi et renversé ses rives ou ses digues.

On ne connaît que trop l'histoire de la révolution Française : ses causes sont dues au mépris des bonnes mœurs, c'est-à-dire, à notre démoralisation et à notre dépravation, effets inévitables d'un luxe corrupteur, à l'esprit d'une fausse philosophie, à cet esprit systématique porté à l'excès d'innovations dans nos institutions civiles et politiques : elles sont dues à cet esprit d'irréligion et d'athéisme qui a infecté presque toutes les classes de l'état, vers la fin du dix-huitième siècle ; enfin au désordre des finances, et à l'hésitation dans les seuls moyens de les rétablir alors, par une répartition générale des charges de l'état, en allégeant cette classe qui, pour être la base fondamentale de l'édifice social, ne peut cependant être surchargée que dans de justes proportions de toutes les parties de l'édifice.

La révolution Française aura suivi les mêmes écarts et commis les mêmes excès que celle d'Angleterre, qui fit aussi périr son Roi sur un échafaud ; mais avec cette grande différence, que Charles I.er avait foulé les droits de son Peuple ; quand Louis XVI, ce Prince infortuné, l'homme le plus vertueux de son royaume, alors le le plus florissant du Monde, périt victime de sa trop grande bonté, pour avoir cherché les moyens de subvenir aux besoins de l'état, sans trop surcharger son Peuple qu'il avait comblé de ses bienfaits (1) ; les Anglais furent néanmoins obligés de plier la roideur de leur caractère sous la puissance altière de Cromwel, comme les Français furent courbés sous le joug de l'infernale tyrannie de Buonaparte.

« Ce fut un assez beau spectacle, dit Mon-
» tesquieu (2), de voir les efforts impuissans
» des Anglais pour établir parmi eux la démo-
» cratie : comme ceux qui avaient part aux
» affaires publiques n'avaient pas de vertus, que
» leur ambition était irritée par celui qui avait
» le plus osé (Cromwel), que l'esprit d'une
» faction n'était reprimé que par celui d'une
» autre ; le gouvernement changeait sans cesse :
» le Peuple étonné cherchait la démocratie et
» ne la trouvait nulle part. Enfin, après bien des
» mouvemens, des chocs et des secousses, il fallut
» se reposer dans le gouvernement même qu'on
» avait proscrit. »

L'auteur de l'esprit des lois a tracé tout à la fois dans ce peu de lignes, toutes les erreurs des

____

(1) Charles I.er, Roi d'Angleterre, fut décapité le 16 février 1649. Louis XVI fut décolé le 21 janvier 1793.

(2) Esprit des lois, livre II, chapitre III, tome I.er

révolutions du Peuple Anglais dans le dix-sep-
tième siècle, et celles de la nation Française dans
le dix-huitième.

« L'histoire des révolutions d'Angleterre, dit
» un philosophe et politique de cette nation (1),
» offre l'image d'une mer agitée dont les flots
» s'élèvent et s'abaissent tour-à-tour ; on y voit
» sans cesse une faction renverser ce qu'une
» autre vient d'établir ; et les sermens multi-
» pliés que chaque parti exige pour la sûreté
» des actes qu'il dresse, est l'aveu tacite de
» leur instabilité perpétuelle. »

Les révolutions se ressemblent furieusement,
comme nous pouvons en juger ; et si notre
constitution tient autant aujourd'hui de celle
d'Angleterre, nous n'avons que trop de motifs
de soupçonner que les fureurs des révolutions
de cette nation rivale et ennemie ont servi d'exemples à toutes celles de nos révolutionnaires. On
doit cependant reconnaître que notre révolution
a eu parmi la foule de ses fauteurs des répu-
blicains de bonne foi, et dont les talens et la
probité peuvent remplacer cette austère vertu si
désirable, mais si difficile dans la gestion des
affaires publiques ; leur opinion est respectable,
car elle tient, sans doute, aux illusions de l'esprit

____

(1) Génie de Hume, page 180, vol. in-12, Londres 1770.

ou du cœur, puisqu'on trouve parmi eux de bons fils, de bons époux et de bons citoyens. Mais hélas ! combien n'aurait-on pas à gémir sur l'aveuglement de l'esprit humain, si les fureurs de notre révolution ne les avoient pas encore assez éclairés, ces hommes de bonne foi, sur les erreurs et la perversité des passions humaines, et sur le choix que les Peuples ont à faire du gouvernement qui leur est le plus propre, au milieu des abus et des maux essentiellement attachés à toutes les institutions humaines.

Quel est le Français qui, ayant traversé notre révolution, ne se rappelle pas encore les vociférations de ses fanatiques et de ses forcenés ? *Mort aux Rois*, s'écriaient-ils, *mort aux tyrans, et à tous ces courtisans qui n'entourent le trône que pour en repousser la voix du Peuple !* Hélas ! qui plus que ces mêmes hommes, après avoir renversé le trône et nos autels, ont circonvenu le Peuple pour le séduire, l'égarer, le tromper et le trahir ? Comment concevoir que ce soit en 1815 (il est vrai que c'était à l'époque de l'interrègne de la royauté) que l'esprit de 1793 ait encore osé se reproduire quand, proclamant de nouveau ses premiers principes, un de nos folliculaires a dit que ? « Une révolution est » devenue nécessaire et inévitable, lorsque les » lumières répandues chez un Peuple ont avili » ses anciennes institutions : en vain l'ignorance

» ou l'intérêt s'efforcent de lutter contre elles ;
» vouloir les contenir, c'est irriter sa violence ;
» ses ressorts comprimés n'en deviennent que
» plus impétueux. » (1)

Comment ! on doit donc, suivant ce révolutionnaire, favoriser les révolutions au lieu de les prévenir, au lieu de chercher à les arrêter ? Ainsi, donnons un libre cours au torrent de nos passions ! laissons les factieux se précipiter et s'écraser en foule aux portes que laissent ouvertes aux plus forts, aux plus audacieux ou aux plus heureux d'entre-eux, la soif insatiable de l'or, des rangs, des honneurs, celle de la domination, en un mot l'ambition !

. . . . *Audaces fortuna juvat.* . . . .

« Le succès fut toujours un enfant de l'audace.

Telles sont leur maxime et leur devise : tel est le mobile secret qui les dirige. Voltaire, ce précurseur de notre révolution, était cependant bien éloigné de cet esprit, quand il dit : (2)

« Je ne conclus donc pas, orateur dangereux,
» Qu'il faut lâcher la bride aux passions humaines.
» De ce coursier fougueux, je veux tenir les rênes :
» Je veux que ce torrent, par un heureux secours,
» Sans inonder mes champs les arrose en son cours.

» Quand les Peuples habitués au pouvoir

____

(1) Journal de l'Empire, n.°.. juin 1815.

(2) Discours sur le plaisir, poésies diverses de Voltaire.

» monarchique, dit J. J. Rousseau, (1) tentent
» d'en secouer le joug, ils s'éloignent d'autant
» plus de la liberté que, prenant pour elle une
» licence effrenée qui lui est opposée, leurs
» révolutions les livrent presque toujours à des
» séducteurs, à des ambitieux et à des intrigans
» qui ne cherchent qu'à les dominer en aggra-
» vant leurs chaînes. »

Comment pourrions-nous donc seconder encore
les efforts de ces hommes qui, depuis vingt ans,
s'appuyant tour-à-tour de l'esprit de Voltaire et
de J. Jacques, dont ils semblent méconnaître
les maximes contraires à leurs vues ambitieuses,
ont donné au Peuple Français, au nom duquel
ils ne cessent de parler, sept à huit constitutions
de natures si différentes entre elles ? Ignorent-
ils donc, ces révolutionnaires, ce que dit encore
le philosophe de Genève ? « Les lois que leur
» antiquité rend si respectables et si sacrées,
» sont bientôt méprisées et abolies, dès que le
» Peuple les voit journellement changer au gré
» de quelques novateurs. »

Malheur aux générations dont les Peuples viennent à être soulevés par la tourmente des révolutions ; car des torrens de sang rougissent
toujours les eaux de cette mer profonde et féconde

---

(1) Discours sur l'inégalité des conditions parmi les hommes.
J. J. Rousseau.

en naufrages ? Enfin malheur à la France, si les Français laissaient encore ces mêmes hommes lancer de nouveau dans le sein de cette mer orageuse le vaisseau de l'état, si horriblement battu par la tempête révolutionnaire, quand ce vaisseau si cher, qui porte toujours les richesses du sol national, déchiré et entrouvert de toutes parts, peut sombrer à la vue du port ! mais quand nous sommes de retour à ce port, unique espérance de repos et de salut, n'oublions du moins jamais que le vaisseau de l'état n'a besoin, sur une mer remplie d'écueils et sujette à tant d'orages, que d'un seul pilote, secondé de bons officiers pour le salut de tous.

---

§ 14.

Du Peuple et des élections Populaires.

Le Peuple est l'universalité des citoyens, qui fait la base, la force et la richesse des Empires.

Tout Peuple qui ne sera pas surchargé d'impôts, qui ne sera pas tourmenté par l'avidité des agens préposés à leur recouvrement, ni par l'injustice et les violences des dépositaires de l'autorité civile ou militaire, qui sera d'ailleurs

J.

assuré de jouir en paix des droits de propriété dans les fruits de ses travaux, vivra libre et heureux, s'il réunit à ces avantages ceux de n'être soumis qu'à des lois justes et communes à tous les citoyens. C'est en cela que consistent seulement la véritable liberté et l'égalité chez les Peuples.

Il importe que les Peuples jouissent d'une honnête aisance; mais malheur à l'Etat s'ils viennent à connaître les jouissances d'un luxe corrupteur; car ils sont prêts alors à être précipités dans l'abîme où s'engloutissent et disparaissent successivement les Empires les plus florissans.

Le Peuple Français quoique belliqueux et pétulent, est naturellement franc et généreux : ses erreurs et ses excès dans notre révolution, ne sont malheureusement que trop communs à tous les Peuples : l'esprit de légèreté et d'inconstance dont on l'accuse, tient à la vivacité de son caractère et à cet amour excessif du changement dont la mobilité offre l'image d'une mer tantôt calme et paisible, et tantôt agitée par les plus horribles tempêtes.

« L'affection du Peuple naturellement inconstant, dit Machiavel, se perd aussi facilement qu'elle se gagne... C'est bâtir sur la boue que de faire fond sur le Peuple. »

Ces opinions sont assez fondées, parce que les

Peuples formés de la masse des hommes sont, comme eux, naturellement séduits et emportés par l'esprit de nouveauté, dans l'espoir de gagner à toute espèce de changement. Quant à l'inconstance de ses affections, on doit plutôt en rejetter la cause sur l'esprit d'astuce et de mobilité des novateurs qui ne flattent la crédulité du Peuple que pour l'égarer et la faire servir aux manœuvres de leurs projets ambitieux.

Tout pour le Peuple et rien par le Peuple, dit un ancien axiome de politique dont notre révolution n'a que trop démontré la vérité, quand le Peuple Français, prêt à succomber sous l'anarchie de son *quinquem-virat directorial*, commençant à sentir ses erreurs et redoutant sur-tout de prolonger la cause et la durée de ses maux dans le choix de nouveaux anarchistes, se précipita dans les bras d'un homme que la fortune semblait lui avoir ramené des portes de l'Orient pour le salut de la France.

Le choix d'un Prince, digne de tenir les rênes du gouvernement, serait vraiment un des premiers droits des Peuples, et c'est sur-tout en ce choix que pourraient consister leurs prétentions à l'exercice de toute espèce de souveraineté, si les élections populaires n'étaient pas sujettes à la fluctuation des opinions des divers partis, à l'esprit de faction qui les égare et les domine, à la vénalité des suffrages, et si la justice et la raison pouvaient régner parmi la multitude : mais tant que les hommes seront les esclaves de leurs passions , tant que la foule se laissera entraîner par le charlatanisme de ses pérorateurs , dont la fausse éloquence éblouit les esprits , comme elle souffle et allume le feu des passions (1) ; tant que les flots de la multitude seront sujets à la tourmente révolutionnaire , comme les vagues de la mer à celle des vents les plus orageux , les élections populaires seront toujours vicieuses, aveuglément soumises à la maligne influence des factieux et des factions.

Un des plus grands actes du pouvoir électif ou électoral que , dans le choix d'un Prince d'une dynastie nouvelle , ait jamais exercé un grand Peuple combattant pour la liberté , est sans doute celui par lequel la France revenue enfin de quinze années d'erreurs civiles et politiques,

---

(1) On ne peut trop faire remarquer la funeste influence qu'exercent si tyranniquement sur la multitude les hommes qui , doués par la nature ou par l'art de la force oratoire , abusent toujours de cette force dans les sanglans débats des révolutions Populaires. L'habileté de ces athlètes est d'autant plus dangereuse , qu'on ne les voit jamais que sur les bancs du cirque et non dans l'arène , animer les masses des combattans. L'histoire de notre révolution fourmille d'exemples de cette funeste influence sur la crédulité du Peuple et de sa disposition naturelle à écouter et suivre les hommes qui, sous les noms de Liberté et d'Égalité, le précipitent toujours dans l'abîme des maux de licence , de l'anarchie et de la tyrannie.

confia l'exercice du souverain pouvoir au seul homme capable alors d'y ramener, en terrassant l'anarchie populaire, l'ordre, la victoire et la paix; si ce grand acte de la liberté d'un Peuple, quelqu'ait été le dissentiment de l'esprit national qui divisait encore la France à cette époque, a été sanctionné du consentement libre ou forcé de toutes les têtes couronnées de l'Europe, les évènemens n'ont que trop malheureusement prouvé depuis, à combien d'erreurs funestes et sanglantes sont sujettes les élections populaires dans l'exercice de ce pouvoir: il paraîtra assez curieux de rapporter ici quelques passages du discours du second consul à Buonaparte, alors premier consul de la république, en lui conférant, au nom du sénat, le titre *d'Empereur des Français.* (1)

« Enfin ce Peuple que l'effervescence civile
» avait rendu indocile à toute contrainte, ennemi
» de toute autorité, vous avez su lui faire chérir
» et respecter un pouvoir qui ne s'exerçait que
» pour sa gloire et son repos.

» Le Peuple Français . . . . dont l'expérience
» devient la leçon, a goûté pendant des siècles
» les avantages attachés à l'hérédité du pouvoir.

----

(1) Discours du consul Cambacérès, président du sénat, à l'Empereur, à Saint-Cloud, le 28 floréal an XII. (18 mai 1804.)

» Il a fait une épreuve courte, mais pénible,
» du système contraire. Il rentre par l'effet d'une
» délibération libre et réfléchie, dans un sentier
» conforme à son génie. Il use librement de
» ses droits pour déléguer à votre majesté impé-
» riale une puissance que son intérêt lui défend
» d'exercer par lui-même. Il stipule pour la
» génération à venir ; et, par un pacte solem-
» nel, il confie le bonheur de ses neveux à
» des rejettons de votre race. »

C'est à l'histoire qu'il appartient sans doute,
de conserver dans ses archives cet aveu solemnel
du retour d'un grand Peuple égaré vers un gouvernement monarchique qu'il avait foulé, terrassé et si horriblement proscrit quelques années
avant. Mais quand l'homme que la France qui
commençait alors à reporter ses regards sur les
membres dispersés de l'antique dynastie de ses
Princes légitimes, a depuis signé deux fois, (en
avril 1814 et juin 1815,) une abdication authentique de sa dignité impériale, on peut dire avec
plus de fondement, aujourd'hui que la France
a rappelé aussi solemnellement la famille de ses
anciens Rois. . . .

*Heureuse encore la nation qui, après tant de
troubles et d'incertitudes, rappelle dans son sein
le Prince dont la légitimité, les lumières et la
sagesse sont capables, seules, d'appaiser la tempête*

des passions, de concilier tous les intérêts et de réunir toutes les voix !

Heureux le Prince qui, tenant son pouvoir de l'hérédité et de la légitimité des siècles, la tient encore des vœux, de l'assentiment et de l'affection de son Peuple !

Quelque éclairé que soit un Peuple, pris individuellement, il juge assez sainement des hommes et des choses ; mais pris collectivement et en masse, il est sujet à errer et à devenir le jouet de la foule des courtisans et des flatteurs qui le circonviennent pour exercer la portion de souveraineté qu'ils réclament en son nom.

L'histoire des diètes sanglantes de la Pologne où la royauté était encore élective vers la fin du dernier siècle; celle des élections des Doges de Venise, du grand maître de Malte, celle même du Conclave du Saint-Siège dans les siècles où les Papes disposaient, à leur gré, des couronnes de la chrétienté, prouvent assez quelle est la foule d'abus, de désordres ou de maux qu'entraînent essentiellement avec elles les élections populaires et celles des nombreuses assemblées. On connaît aujourd'hui jusqu'à quel point d'avilissement la vénalité des suffrages a jetté les élections pour la nomination des membres de la chambre des Communes en Angleterre. C'est donc de la faute des Peuples si le système des élections, qui est un aveu manifeste de la portion de souveraineté à laquelle ils peuvent prétendre, n'est réellement qu'un fantôme de leur liberté.

Si, regardant deja comme loin de nous les temps deplorables de 1793, nous ne considérons que les évènemens de 1814 et de 1815, nous reconnaîtrons ces élémens de discordes et de dissensions civiles qui, inséparables du système des élections populaires, ont encore agité les dernières élections de nos collèges électoraux d'arrondissement et de département, pour nos députations aux deux dernières législatures! N'est-ce pas par le vice radical du mode employé dans les premières, que nous sommes retombés dans ce funeste esprit de division qui, s'étant ranimé de ses cendres, semble menacer d'incendier de nouveau notre malheureuse patrie!

Une des vérités politiques dont nous devons la conviction générale à la triste expérience de notre révolution, est la nécessité de limiter et de circonscrire le nombre des votans et des électeurs dans nos élections populaires. C'est d'après cette conviction que nous avons reconstitué le *droit d'éligibilité*, dans nos trois à quatre dernières législatures, comme en dernier lieu à la chambre des députés, sur les plus forts imposés de la propriété foncière ou mobiliaire: bien que cette disposition constitutionnelle blesse fortement les prétentions erronées des prétendans de l'esprit d'égalité , on doit la maintenir à jamais, parce que l'état de nature et celui de société constituent, ainsi que je l'ai démontré (au § XI) l'homme pauvre et l'homme riche. Or l'homme qui n'a rien est l'ennemi naturel de celui qui possède. Si donc un gouvernement populaire admet indistinctement à des assemblées délibérantes ou législatives des gens qui ne vivent que de leur industrie (et il en est de diverses espèces) ou du labeur de leurs bras, ces gens ne manqueront sans doute pas d'employer leur industrie ou leurs bras, pour chercher à renverser ceux qui possèdent. N'est-ce pas lancer, en effet, dans l'arène ou en champ-clos ces deux classes d'hommes si différens, si inégaux dans l'état de nature ou dans celui de société, les uns par leur fortune et les autres par leur astuce ou par leur force physique ? C'est par l'oubli ou plutôt par le mépris de ces vérités politiques, que le bouleversement de notre révolution a si cruellement dépouillé les uns pour enrichir les autres.

Ainsi convaincus, par notre propre expérience, que la paix et la stabilité des Empires résident aussi essentiellement dans la sagesse des lois, dans le respect sacré de la propriété, que dans l'hérédité du pouvoir suprême d'où dérive sa légitimité, et dans celle de ces autorités secondaires concédées à une corporation de familles choisies par le Prince ; rejetons loin de nous ces systèmes erronés des élections populaires, dans l'exercice des premières autorités de l'état, comme une source éternelle de dissensions et de discordes civiles ; sachons borner les droits de notre portion de souveraineté, au paisible exercice de nos fonctions électorales, dans le choix des membres à la chambre des députés, et nous n'y trouverons encore que trop de sujets de jalousie, de rivalités, d'intrigues, de cabales, de haines et de divisions.

§ 15.

Des Constitutions de la France.

Les Constitutions des Empires sont des contrats de société passés entre les gouvernés et les gouvernans, également obligatoires pour les parties contractantes.

Le Prince qui gouverne tout à la fois avec justice, mais avec vigueur, d'après les lois et les constitutions de l'état, est assuré de l'amour et de la fidélité de ses Peuples ; sa puissance intérieure est inébranlable.

Il en est des constitutions comme des lois que leur antiquité rend plus respectables et plus

sacrées aux Peuples , par la raison que « le
» Peuple, comme nous l'avons dit, d'après J. Jac-
» ques , (§ XIII) méprise bientôt les lois ou les
» constitutions qu'il voit journellement changer
» au gré de quelques novateurs. » Que pour-
rait-on dire ici de ces huit à neuf constitutions
qu'ont données successivement à la France cette
foule de mandataires qui , après avoir brisé le
joug du Prince le plus juste , le meilleur et le
plus pacifique de son siècle , et les avoir tour-à-
tour foulées , abolies et remplacées , ont cru
avoir donné la liberté aux Peuples de la France
et de l'Europe, en brisant leurs liens civils et
politiques ? quand d'une part , la France ne
cessa d'être courbée sous le joug ensanglanté de
l'anarchie populaire la plus hideuse, et de l'autre , l'Europe le fut avec elle , sous la tyrannie
militaire la plus terrible.

L'habitude de donner et de reprendre annuel-
lement le pouvoir administratif ou législatif dont
les Peuples ne se rendent les dépositaires et les
arbitres qu'au milieu des sanglantes convulsions
de la démagogie, est précisément ce qui rend
insupportable aux Peuples toute espèce de joug
et d'autorité héréditaire et légitime. Mais comme
le Peuple , naturellement inconstant , se trouve
toujours entraîné par son esprit d'indépendance
et d'innovation , il s'habitue aussi facilement à
changer ses lois et ses constitutions que ses tribuns

ou ses législateurs. C'est ainsi que de zélés et fidèles mandataires du Peuple nous ont donné, en vingt-cinq ans, vingt-cinq mille lois, non compris cette foule de décrets, de sénatus-consultes organiques et dont le cahos rend et rendra inextricable, pour nous et nos neveux, notre législation civile et criminelle de la fin du dix-huitième siècle et du commencement du dix-neuvième. (1)

La première de nos constitutions, celle de septembre 1791, renfermait, sans doute, d'excellentes choses ; mais un de ses défauts fut d'avoir trop entravé la puissance monarchique : combien ne devons nous pas déplorer aujourd'hui notre aveuglement, quand nous relisons les sages observations de ce vertueux et trop infortuné

____

(1) C'est à juste titre que le sénatus-consulte organique du 28 floréal an XII (18 mai 1804), remplaçant la constitution du 22 frimaire an VIII (15 décembre 1799), appelle cette nouvelle *les Constitutions de l'Empire*. On a vu depuis, par ces nombreux sénatus-consultes et ces actes additionnels, à combien d'espèces de fractions et d'infractions constitutionnelles elles pouvaient donner lieu. On pourra remarquer ici que 25000 lois en 25 ans, font 1000 lois par année et à peu près trois lois par jour, nombre que l'on peut aisément porter à cinq, si l'on a égard aux jours de repos et aux mois de vacances, pris par nos législateurs pendant le quart de siècle de leurs fonctions effectives. N'est ce pas le cas de rendre, à cet égard, par les mots de *fabricans en lois*, la signification étymologique d'un nom dont le titre n'appartient qu'à la première dignité des hautes fonctions de la magistrature ?

Monarque , consignées dans sa lettre du 3 septembre 1791 , sur les défauts de cette première de nos constitutions ! Hélas ! quand nous avons forcé tous les Princes de l'Europe, à la tête de leurs Peuples soulevés en masse contre nous, à venir, pour une seconde fois, terminer les tumultueux débats d'une révolution que quelques uns de ses fauteurs ou de ses propagateurs étaient au moment de ramener aux temps de 1793 , n'avons nous pas encore forcé ces mêmes Princes et leurs Peuples avec eux , à nous dire ce qu'ils ne nous font que trop sentir aujourd'hui ? que.... *Si les Peuples ont les premiers droits à la souveraineté des Empires , les Peuples sont de ces souverains qui , pour leur propre bonheur, ont besoin de rester dans une éternelle et souveraine tutelle.*

On peut regarder la charte constitutionnelle de 1814 , comme renfermant essentiellement tout ce que nos huit à neuf constitutions antérieures avaient de vues sages et d'institutions libérales : il est éclairé le Prince qui la donna à la France, bien moins en Roi, sans doute, qu'en père de famille : il est aussi généreux que bienfaisant le même Prince qui depuis, a dit solemnellement, au sein de la représentation nationale (1). . . . .

____

(1) Discours du Roi à la chambre des députés. Séance Royale du 7 août 1815. L'ordonnance du 13 juillet précédent soumet à la revision de la chambre plusieurs articles de la charte.

« Cette charte que j'ai méditée avec soin avant
» de la donner ; à laquelle la réflexion m'attache
» tous les jours d'avantage ; que j'ai jurée de
» maintenir, et à laquelle vous tous, à commencer
» par les membres de ma famille, allez jurer
» d'obéir, est sans doute, comme toutes les ins-
» titutions humaines, susceptible de perfection-
» nement ; mais nous ne devons pas oublier
» qu'auprès de l'avantage d'améliorer, est le
» danger d'innover. »

Que cette charte, ouvrage de la sagesse et
de la libéralité d'un Roi, fruit de vingt années
de ses méditations, dont il a soumis, de son
plein gré, quelques articles à la revision des
hommes les plus éclairés et les plus distingués
de son Peuple ; que cette charte soit la dernière
de nos constitutions, puisque nous n'avons pas
su nous en approprier une seule, en vingt années
de travaux, d'épreuves pénibles et signalées par
des déchiremens affreux ! que la France, éclairée
par ses malheurs, soit enfin fidèle à ses derniers
sermens, et la France refleurira de nouveau
sous les lois épurées de son antique monarchie,
et sous la dynastie de ses Princes légitimes !

§ 16.

De la Conscription Militaire.

Une des plaies les plus douloureuses de notre révolution, est ce code de lois réglementaires qui n'ont servi qu'à décimer si cruellement la France, pendant douze à quinze années successives de la tyrannie militaire la plus sanglante qui ait jamais pesé sur les Peuples.

La conscription militaire est, sans doute, une loi nécessaire, quand un Peuple a une guerre juste et nationale à soutenir : car j'ai dit que tout citoyen se doit à sa patrie, et qu'il était des conjonctures où la guerre était un moindre malheur qu'une paix incertaine.

On retrouve quelques traces de cette loi, dans l'histoire des guerres des Empereurs d'Orient, qui la prirent des Romains et qui la conservèrent pour maintenir leur tyrannique domination, en perpétuant les moyens de l'agrandir.

La conscription existe presque généralement chez tous les Peuples de l'Europe, sous des formes plus ou moins acerbes ; mais on doit avouer que la France a fait un si monstrueux abus de cette loi, qu'elle n'y fut, pendant dix années , sous le règne de son tyran, qu'une véritable *proscription de la jeunesse* ; on peut répéter ce qui a été déjà dit à ce sujet , que la jeunesse y fut mise *en coupe réglée, comme les arbres d'une forêt.* Le code de la conscription Française, aussi volumineux à lui seul que notre ancien et nouveau code militaire , est un témoignage éternel de l'esprit de vandalisme qui, après avoir ravagé la France, a menacé de replonger l'Europe dans son ancien état de barbarie. On ne peut le regarder que comme l'œuvre d'un génie malfaisant et destructeur de la société et des Empires.

Un des plus grands excès que l'auteur de cet abominable code ait commis, et que l'on doit compter parmi ses fautes politiques , fut d'avoir porté cette loi chez la plus grande partie des Peuples de l'Europe, dont-il avait cru si imprudemment s'être fait des alliés fidèles , quand ces forces qu'il avait soulevées, devaient inévitablement l'écraser un jour, lui ou son successeur, sous le poids de leurs masses incohérentes.

L'article xii de la charte constitutionnelle a sagement proscrit cette loi de servitude. M. de Chateaubriand a esquissé dans son opuscule de 1814, (1) les excès et les maux de cette loi.

----

(1) De Buonaparte et des Bourbons. Par M. de Chateaubriand. Paris 1814, in-8.°, page 25.

Mais une esquisse ne suffit pas à un aussi grand sujet ; c'est un tableau largement dessiné et fortement coloré qu'il reste à en faire, et qui demande le pinceau de ce grand peintre.

On a vû dans les opérations de la levée des conscrits, un trop grand nombre de ces jeunes gens soumis aux plus honteuses et révoltantes épreuves ; ignoblement étendus sur un plancher ou sur le carreau, dépouillés de tous vêtemens ; on a vû des experts (on ne veut pas dire leurs concitoyens) leur marcher sur le ventre ou sur le dos, pour essayer de redresser en eux quelques prétendus défauts de conformation. Combien de fois n'a-t-on pas vû des bandes de ces jeunes gens, liés de la cordelle des malfaiteurs, être conduites, à l'instar de criminels, par cette milice préposée aux recherches et poursuites de la justice ; dans d'autres épreuves, on a vû couler le sang des pieds, des bras ou des mains de quelques unes de ces faibles et débiles victimes ; on eut dit que les tortures de la question, abolies par Louis xvi, allaient se renouveler en France. (1)

---

(1) Comment expliquer à ce sujet, d'une part, ces craintes, ces larmes et cette résistance si naturelle et presque générale des conscrits, quand la force armée venait à les enlever des foyers de leurs toits paternels : et de l'autre, cette aversion et ce mépris pour les travaux rustiques de leur premier âge, après avoir appris pendant quelques mois, à peine, à manier l'arme

J'ai vû, dans quelques marchés du Caire et autres villes de l'Orient, des groupes d'esclaves blancs et noirs, de tout âge et de tout sexe, nus et entassés pêles-mêles, exposés comme des brutes à l'enchère publique ; j'ai quelquefois et depuis, examiné avec curiosité, conduire et vendre à nos marchés foraux des troupeaux de bestiaux destinés à notre pâture ; et je serais assez embarrassé de préciser la différence de brutalité que pouvait offrir la tenue de ces marchés ; pour peu que la conscription eut duré quelque temps encore en France, elle y fut devenue, au sein de sa prétendue liberté, un commerce libre de véritables esclaves, où la jeunesse et l'âge mûr avaient déjà leur espèce de maquignon. Cette loi en était venue au point de n'être plus qu'un droit de vasselage, c'est-à-dire, de servitude féodale ou de véritable esclavage, dont l'exercice était partagé dans tous nos départemens, entre l'autorité civile et militaire. Pourra-t-on croire un jour, que c'en était, dans quelques lieux, à qui montrerait le plus de zèle et le plus de dévouement au tyran de la France, dans les mesures acerbes de son odieuse exécu-

---

des combats, au milieu de la licence des camps ou des horreurs d'un sac ? Je me dispenserai d'expliquer de nouveau les causes trop senties d'un pareil contraste ; quand on sait que les Peuples qui brisent le sceptre de leurs Rois, croyant conquérir la liberté, finissent toujours par être courbés sous le fer des conquérans.

tion ? enfin des grades et des honneurs étaient
la récompense de ces honteux services de la
servitude.

Périsse donc, à jamais, cette œuvre infernale du
démon de la guerre , et qu'un long commentaire
sur l'esprit de ce code impie, serve à jamais à effrayer les Peuples qui, sous les noms chimériques
de *liberté* et *d'égalité*, seraient assez dégradés et
assez avilis , pour se précipiter encore dans un
pareil esclavage et se croire libres, surtout, quand
ils se laissent enchaîner par des tyrans possédés
des fureurs de la guerre , pour aller , comme
les Romains , porter leurs fers au Monde !

§ 17.

De la Politique et du Machiavelisme.

La politique , cet art de l'homme d'état , consiste à régler et co-ordonner les mouvemens des
corps sociaux, en cachant aux Peuples les ressorts
du gouvernement qui n'en est, à proprement
parler, que la machine politique.

Les deux grands ressorts de cette machine sont
l'intérêt et l'amour-propre des hommes. L'homme

d'état, en employant ces ressorts, doit, avant tout, en connaître la force et la trempe ; car, essentiellement fondée sur la connaissance du cœur humain, comme sur les intérêts et l'orgueil national des Peuples, la politique doit en sonder la profondeur, pour en suivre constamment l'inconstance et la mobilité.

La politique est d'autant plus difficile qu'elle est compliquée quand, sortant de son propre cercle, elle doit embrasser les intérêts de divers Peuples rivaux ou ennemis. C'est dans la combinaison et la conciliation de ces divers intérêts si opposés, que consiste l'habileté de cet art. De toutes les sciences morales, elle est sans doute la plus obscure ; tant elle est soumise à des cas fortuits, que la sagacité et la sagesse humaine ne peuvent prévoir ni maîtriser à leur gré. Telle est une mer orageuse et sans fond, parsemée d'écueils et remplie d'abimes.

La politique doit avoir le même but que la législation : l'une et l'autre doivent tendre à la conservation comme au bonheur des Peuples : elles doivent, l'une et l'autre, avoir la morale et la justice pour base fondamentale. Mais elle n'est malheureusement, trop souvent, que l'art d'aveugler et d'asservir les Peuples ; telle est celle des despotes et des tyrans qui, toujours sombre et tortueuse, ne repose que sur l'injustice et les violences : tel est, en un mot, le *machiavelisme.*

Le machiavelisme est cet esprit infernal d'astuce et de perfidie que Machiavel, Florentin,
de la Cour de Médicis, a profondément étudié
dans la politique de son siècle, en Italie, et qu'il
a développé dans son livre intitulé *le Prince
de Machiavel*, pour être le livre des Rois. (1)

Périsse à jamais l'œuvre d'impiété de cet
homme qui établit en principes que la mauvaise
foi, l'injustice, l'intérêt et la force doivent être,
seules, la base de la politique et des actions des
Princes et des Rois ! C'est bien en partie à l'esprit
de ce livre infernal que le tyran de la France,
qui en fit long-temps sa lecture chérie, a dû sa
chute et que deux fois, il aura vû s'écrouler,
comme un colosse aux pieds d'argile, son Empire
et toute la dynastie des Rois de sa création qu'il
avait cru, dans le délire de sa puissance colossale,
pouvoir maintenir sur tant de trônes renversés
par ses mains.

Cependant, parmi les maximes de l'esprit ma-
chiavelique, il en est une dangereuse sans doute,
comme tant d'autres de ce livre, mais qui
demande à être bien entendue, car elle n'est

____

(1) Machiavel, secrétaire de Florence, dédia son livre à Lau-
rent de Médicis, duc d'Urbin, neveu du Pape Léon x, en 1515.
Dans cet ouvrage, l'auteur y érige en principes les ressorts d'une
politique ténébreuse, employés par des petits Princes de l'Italie,
au milieu d'un siècle agité de troubles et de guerres civiles.

malheureusement que trop fondée, au milieu de la corruption et de la méchanceté des hommes.

« L'homme, dit Machiavel, (1) qui voudra
» faire profession d'être parfaitement bon, parmi
» tant d'autres qui ne le sont pas, ne manquera
» jamais de périr : c'est donc une nécessité que
» le Prince, qui veut se maintenir, apprenne
» à pouvoir n'être pas bon, quand il ne faut
» pas l'être. »

Il n'est, malheureusement, trop vrai que le Prince qui ne voudrait pas s'écarter de l'étroit sentier de l'homme juste, quand les Princes des divers états avec lesquels il serait lié par des traités secrets ou solemnels, n'auraient pour base de leur politique que l'injustice, la mauvaise foi et le droit de la force ; ce Prince débonnaire compromettrait à la fois, et la dignité de sa couronne, et la gloire et le repos de son Peuple : telle est cette triste fatalité qui oblige trop souvent l'homme vertueux à marcher aussi dans les sentiers tortueux du méchant !

Le *Prince de Machiavel* est un livre dangereux, sans doute, dans les mains des jeunes Princes; car il est à leur esprit, ce que les romans sont au cœur de la jeunesse; mais le Prince qui voudra l'étudier avec un esprit de sagesse et de pénétra-

---

(1) Le Prince de Machiavel, chapitre xv.

tion, et lire avec le même esprit, la critique morale et politique que Amelot de la Houssaye en a faite, (1) et que l'on peut regarder comme son contre-poison, pourra en tirer des préceptes d'une saine politique.

Il appartient à la France, sous le règne de Louis XVIII, comme aux Princes de l'Europe, dans le dix-neuvième siècle, de rétablir enfin la politique de leurs cours souveraines sur les bases de la modération, de la justice et de cette loyauté qui font la véritable grandeur des Rois, fondement inébranlable de toute puissance sur la terre.

§ 18.

De la Philosophie Ancienne et Moderne.

La Philosophie qui, dans son acception étymologique, chez les anciens, n'était autre chose que *l'amour de la sagesse*, a pris dans notre siècle une toute autre signification.

(1) M. Amelot de la Houssaye a publié en 1712, sous le titre de *l'anti-Machiavel ou examen du Prince de Machiavel*, la critique de cet ouvrage qui avait été brulé à Rome, en 1592, c'est-à-dire, soixante et dix-sept années après sa publication à Florence.

Les philosophes de l'antique sagesse des Egyptiens, des Grecs et des Romains, ont été les fondateurs de la morale et de la religion de leur patrie, et les philosophes modernes du dix-huitième siècle, en France du moins, se sont étudiés à attaquer et détruire celles qui firent le bonheur de ses Peuples, pendant une longue suite de siècles.

La philosophie doit avoir moins pour but la propagation des sciences phisiques que l'étude et la pratique de la morale, c'est-à-dire, de cette science qui apprend l'homme à combattre et à vaincre ses mauvais penchans ; qui le civilise et le rend meilleur, en le portant à la pratique de toutes les vertus sociales. Tel a été le principe et le but de la religion chrétienne.

La philosophie qui ne s'attacherait qu'à propager les connaissances physiques et mathématiques, au lieu de cette première de toutes les sciences, celle de la morale ; qui ne s'attacherait qu'a disséminer dans la société une foule de chymistes et d'algébristes, trop portés à disséquer, à analiser, ou à réduire *à l'équation zéro*, tout ce que la nature a mis de bon et d'excellent dans le cœur humain, *la sensibilité*, pour n'y laisser que le germe du mal, qui s'y trouve placé si près de celui du bien ; cette triste philosophie commettrait de toutes les erreurs de l'esprit humain, la plus grande et la plus funeste, car elle ne tendrait qu'à désenchanter notre esprit, dessécher notre cœur et à flétrir notre âme, en laissant le reste de notre être en proie à toutes les misères de l'homme sur la terre.

Tout Peuple chez lequel les connaissances physiques seront généralement répandues, sans être éclairées par une saine morale et guidées par la religion, ne sera qu'un Peuple inquiet et turbulent, porté à l'esprit d'indépendance et de l'affreux athéisme.

Il est une vérité morale que les philosophes modernes ont trop méconnue ou trop oubliée de la sagesse de l'antique philosophie : c'est que *l'homme a plus besoin d'agir que de penser dans ce Monde*, ne fut-ce que pour s'étourdir sur les misères humaines. C'est pour cela qu'un Peuple où la masse des penseurs, ou de ceux qui s'imaginent penser, parcequ'ils lisent les œuvres des écrivains (souvent plus frondeurs que profonds raisonneurs) sera hors de proportion avec sa population ; et où le laboureur perdra cinq minutes seulement de son travail journalier, pour lire ou entendre la lecture des journaux politiques ou littéraires ; ce Peuple sera toujours tourmenté par l'esprit des innovations ou des révolutions.

Si cette vérité, vraiment philosophique, paraissait étrange à quelques esprits, dans notre prétendu siècle de lumières ; si l'on venait à s'écrier que de pareilles maximes ne tendent qu'à faire rétrograder les progrés de l'esprit humain ; qu'on sache ou qu'on n'oublie pas que l'erreur et la folie sont les deux éternelles marotes de l'espèce humaine ; que chaque siècle a ses erreurs ; que l'esprit humain est soumis a des maladies morales et périodiques, comme le Monde à des révolutions physiques ; et qu'enfin tous les corps ronds sont sujets à tourner dans notre Monde sublunaire.

Les hommes qui ont le plus fait rétrograder les bornes de l'esprit humain en France, sont ceux qui, ayant donné dans toutes les erreurs de la révolution (sans parler ici de ses horribles excès) n'ont bouleversé la France que pour la recomposer d'un Peuple d'athées; n'est-ce pas, en effet, rejeter les hommes dans leur ancien et primitif état de barbarie, que de chercher, par de désolantes doctrines, à les porter à l'athéisme? Qui pourrait ignorer que ce sont les diverses religions qui, en détruisant cet affreux athéisme, ont civilisé les Peuples de la terre et rattaché leurs liens brisés au seuil des demeures célestes ! Je pourrais rapporter ici quelques traits de force et de lumière de ce rapport, monument immortel du délire de l'esprit humain, dans lequel un monstre, effrayé lui-même de cette effrayante doctrine, proclama au nom du Peuple Français, *l'existence de l'Être Suprême* et de *l'immortalité de l'âme* ; mais je craindrais de puiser, même un filet d'eau vive, à une source aussi impure. (1)

L'histoire de la philosophie de tous les Peuples n'offre, dans tous les temps, que trop de controverses et de systêmes divers, successivement destructeurs les uns des autres, admis dans un siècle et détruits dans le suivant ; la philosophie a donc aussi ses erreurs et ses écarts !

Si l'on ne peut que déplorer l'aveuglement de ces hommes dont l'âme desséchée ou flétrie, ne leur permet plus de sentir que *la divine espérance* est la consolation, et souvent le seul bonheur de l'homme sur la terre ; il est de l'intérêt général de la société de ravir et d'arracher aux propagateurs insensés de l'athéisme, le funeste pouvoir d'exercer froidement la licence effrenée de leur esprit à banir l'espérance du cœur de leurs semblables. (2) Eh ! comment, les républiques des lettres et des sciences, justement

----

(1) On entend parler ici de ce rapport fait au nom du comité de salut public, pour l'institution de la FÊTE DE L'ÉTRE SUPRÊME, prononcé le 18 floréal an II, R,P. F. (7 mai 1794) ; dans ce rapport où l'esprit révolutionnaire est porté jusques au dernier degré de fanatisme populaire, on y trouve avec quelques vérités politiques, une tirade foudroyante contre l'athéisme.

(2) On se rappelle qu'un philosophe du dernier siècle osa abuser de la liberté de la presse au point de publier, sous la forme de dictionnaire, une légende des noms des hommes célè-

armées dans tous les temps contre le fanatisme religieux, mais trop souvent divisées entre elles et chez elles, par leurs espèces d'intrigues et de discordes inciviles, ne chercheraient elles, en effet, à éclairer les hommes, que pour les éblouir de leurs inégales lumières, ou à briller sur quelques points de la terre, que pour éteindre ou éclipser le flambeau de la raison naturelle de l'homme !

On peut regarder comme un véritable triomphe du catholicisme sur les erreurs philosophiques de notre siècle, les rapports et les discours de nos orateurs politiques sur le concordat de notre gouvernement consulaire avec la cour de Rome. « Jour mémorable, dit le plus distingué de ces » orateurs.. (1) où la France abjurant de trop

---

bres dans les annales anciennes et modernes, et dont les opinions ont été ou soupçonnées d'être atteintes de l'athéisme.

On peut rapporter à ce sujet, que S. S. Pie VII étant à Paris, (décembre 1804) au moment de donner sa bénédiction à feu M. **, célèbre astronome Français qui se trouvait parmi la foule des fidèles empressés sur ses pas, lui dit avec la bonté pontificale de Clément XIV. *Comment, M.** , vous qui avez si bien sû pénétrer dans les mouvemens admirables et les plus secrets de la voûte des cieux, comment n'y avez-vous pas entrevu la main du Créateur de tant de merveilles !*

(1) Discours de M. de Fontanes, président du corps législatif, au Pape Pie VII, le 9 frimaire an XIII (30 novembre 1804.)

On peut consulter les trois rapports prononcés au corps législatif et au tribunat, au nom du gouvernement consulaire, sur

» funestes erreurs . . . . semble reconnaître que
» les pensées irréligieuses sont des pensées im-
» politiques, et que tout attentat contre le chris-
» tianisme est un attentat contre la société. »

Cependant, loin de chercher à diminuer la propagation des lumières, il faut au contraire que le Peuple soit aussi éclairé que libre et heureux ; mais pour le rendre libre et heureux, il faut qu'il soit éclairé sur les véritables intérêts de la société, et surtout et avant tout, qu'il le soit par la morale dont la pratique, inséparable de celle de la religion, peut seule assurer son bonheur ; car si les lois ne font, en général, qu'ébaucher la civilisation des Peuples, la morale, fondée sur la religion, en fut toujours le perfectionnement.

§ 19.

Des Religions et de la Religion Chrétienne.

La religion, ce respect sacré de tous les Peuples, de toutes les nations pour le Dieu de l'univers, est innée dans le cœur de l'homme.

le concordat du 23 fructidor an IX (10 septembre 1801) les 5, 7 et 8 avril 1802. Celui de M. Portalis est surtout re- marquable par la triple alliance que cet orateur sut y faire de

La diversité des religions des Peuples de la terre tient au caractère qui distingue ces Peuples, à la variété des opinions qui les divisent, et à l'esprit d'erreur naturel à l'homme. Mais, si les hommes varient autant dans les pratiques du culte extérieur de leur reconnaissance envers l'Être Suprême, tous se réunissent de cœur pour lui offrir des vœux et des actions de grâces ; tous adorent un Dieu créateur de toutes choses.

Dans le siècle d'impiété où nous ont précipités les lumières éblouissantes d'une fausse philosophie, je n'irai chercher l'éloge de la religion chrétienne que dans le sentiment de ce philosophe du dernier siècle, dont le génie trop inégal à lui-même, l'entraîna dans les erreurs attachées à l'esprit humain ; mais qui, dans ce passage de sa séduisante éloquence, parle avec toute la sagesse des Platon, des Socrate, des Ciceron et de tous les sages, amis de l'humanité.

« Tout gouvernement, tout Empire, toutes
» lois sont d'institution humaine : mais le légis-
» lateur, dit Rousseau, qui fit entendre la
» volonté divine pour donner à l'autorité sou-
» veraine un caractère sacré et inviolable, rendit

---

la religion, de la philosophie et de la politique ; on doit avouer ici que le dictateur de la France était, à cette époque, aussi habile politique que grand capitaine ; mais alors le char de ce triomphateur n'avait pas encore rouagé, c'est-à-dire, profondément sillonné la voie ensanglantée des conquérans.

» le plus grand bienfait à l'humanité. Quand
» la religion chrétienne n'aurait fait que ce bien
» aux hommes, les hommes doivent la chérir,
» puisqu'elle est la source de toutes les vertus
» sociales et de la paix, bases de tout Empire. (1)»

Grâces vous soient rendues, ô grands législateurs du Monde! vous, Moyse, Confucius, Platon
et Mahomet, dont les dogmes religieux se confondent sous divers modes dans ceux du divin
auteur de la religion chrétienne; et vous, prêtres
de sa sainte religion, vous dont le ministère
sacré est si beau, puisque, fondé essentiellement
sur l'amour du prochain, sur l'union et la paix
parmi les hommes, vous êtes appelés à la prêcher aux Peuples, comme l'unique soutien, la
consolation et la plus douce espérance de l'homme
sur la terre; ne cessez de la prêcher aux Peuples de paroles et d'exemples! et nous, Peuples
de frères, travaillons, de concert avec ses ministres, à relever nos saints autels renversés par
l'impiété et nous reverrons encore la paix nous
réunir d'esprit et de cœur, dans les mêmes temples
du Dieu de l'univers.

La religion chrétienne est une institution divine, qui a jeté les principes les plus vrais
d'égalité et de fraternité dans les institutions

----

(1) Discours sur l'inégalité des conditions humaines, J. J.
Rousseau.

humaines. Notre religion n'admet elle pas, en effet, tous les hommes à la même table, aux mêmes sacremens dans les mêmes temples ? C'est elle qui, les appelant du nom de *frères*, les reçoit et les traite également, comme les fils adoptifs de son église. C'est elle enfin qui, au passage de notre fragilité vers le séjour de l'immortalité, n'admet d'autre différence parmi les hommes que celle du vice à la vertu, et des bonnes aux mauvaises œuvres de la vie humaine.

Malheur aux Peuples sans religion, car ils ne peuvent avoir ni mœurs, ni vertus : privé de ce frein, l'homme reste livré au dérèglement de ses passions, quand la religion, qui unit le ciel à la terre, élève son âme qu'elle agrandit, en la remplissant d'idées vraiment célestes.

Les principes et la pratique de la religion de l'état, doivent essentiellement entrer dans la base de l'éducation nationale : cette maxime se trouve consignée dans les écrits des philosophes de l'antiquité. C'est assez rappeler ici ce qu'une religion de paix, de tolérance et de charité, attend de l'instruction publique en France, quand sa conservation est aussi intimement liée à celle de notre patrie.

Quand déjà nous avons senti la nécessité de rétablir ces modestes propagateurs des principes de la religion chrétienne, il importe aujourd'hui

de rendre à ces pasteurs, l'honorable considération dont ils jouissaient avant notre révolution.
On doit rendre justice aux curés du clergé de
France. Qui pourrait, en effet, ne pas aimer à
en reconnaître les douces fonctions, dans la pein-
ture si vraie que nous en ont faite la Harpe,
dans sa Mélanie, et Bernardin-de-St.-Pierre, dans
son charmant poëme de Paul et Virginie? Qui
pourrait avoir déjà oublié que les curés, faibles
sans doute, comme tous les hommes, étaient,
en général et tout à la fois, les aumôniers des
riches et les pères des pauvres, leurs amis, leurs
conseil et leurs lumière dans leur jurisdiction spiri-
tuelle et temporelle : c'est sans doute un malheur
que les juges de paix et les notaires les ayent
remplacés aujourd'hui, en partie, dans ces fonctions de leur ancien ministère dans nos campagnes.

On doit, avant tout, rendre à cette inter-
ressante et si utile classe de la société catholique,
cette douce et honnête aisance qui lui est nécessaire, et bientôt elle reprendra cet ascendant et
cette considération que donnent toujours l'étude
et la pratique des vertus chrétiennes. (1)

___

(1) Il serait à désirer, et surtout dans notre siècle, qu'à
l'instar de ces pieux et courageux missionnaires envoyés dans
les contrées lointaines, les curés fussent généralement instruits
dans les notions les plus simples et les plus usuelles de la
médecine, et que la maison presbytériale renfermât les médi-
camens d'une pharmacie, dont ils seraient les directeurs. Les

I

§ 20.

Des Préjugés.

Les Préjugés sont des opinions transmises d'âge en âge, généralement suivies chez tels ou tels Peuples et que les hommes ont reçues et adoptées, sans en avoir soumis les principes ou la nature à un examen approfondi.

Il est sans doute des préjugés qui ne reposent que sur des erreurs populaires et qui tiennent à des siècles d'ignorance : la raison peut aisément et sans inconvénient, les détruire en les éclairant de son flambeau ; mais il n'en est pas ainsi de ces préjugés qui, reposant sur des sentimens et

soins de cette pharmacie, qui serait destinée aux pauvres malades de la cure, et dont les frais seraient pris sur des aumônes spéciales, pourraient être confiés soit au chirurgien, soit à la sage-femme, ou encore à une ou plusieurs sœurs hospitalières, suivant l'importance du lieu. Ces places ne seraient accordées, dans ce dernier cas, qu'à des filles ou à des veuves âgées de trente à quarante ans, et méritantes par la régularité de leurs mœurs et de leur bonne conduite. Cette institution de charité presbytériale, semble devoir réunir, sous plusieurs rapports, divers points d'utilité publique dans nos campagnes.

sur des affections morales , sont bons et utiles
à conserver pour la civilisation et le bonheur
des Peuples.

Les préjugés, ou plutôt les opinions populaires,
qui reposent sur des sentimens moraux , sont
d'une nature si délicate que , si la saine raison
n'en défend pas l'examen secret , elle en proscrit
du moins les discussions publiques : c'est à ce
sujet qu'un de nos législateurs , animé du véritable esprit de ses nobles fonctions , a dit publiquement. « L'ordre social a ses mystères comme
» les dogmes religieux ; sachons les respecter :
» évitons ces discussions publiques, d'où naissent
» des hérésies obstinées , et des dissentimens
» éternels. » (1)

Il n'appartient, en effet, qu'à un esprit impru-
dent et téméraire, ou à une âme desséchée de
scruter ces opinions générales pour chercher à
les détruire ; car la nature qui les a gravées
dans le cœur de l'homme, semble lui avoir dit
de toute éternité : *Mortel, qui que tu sois, suis
l'heureux instinct dont je t'ai doué ; c'est lui
qui, présidant au mouvement organique de tout
ce qui a vie sur la terre, émane essentiellement
de ma prévoyante sagesse et le conduit heureusement à la fin qui appartient à son espèce.*

---

(1) Discours de M. Benoist , à la chambre des députés , séance
du 4 janvier 1816.

L'homme qui se déclarerait l'ennemi de toute
espèce d'opinions vulgaires, ne serait donc pas
plus sage que véritable philosophe, car il mé-
connaîtrait la base sur laquelle repose la sagesse
de nos lois, dans nos institutions civiles et
politiques; je suis si convaincu de cette assertion
que, m'imposant ici un silence religieux sur
cet objet, je me bornerai à dire qu'une des
causes des maux de notre révolution, est d'avoir
confondu et détruit indistinctement toute espèce
d'opinions qui, transmises d'âge en âge chez
les plus anciens Peuples, sont les titres-parlants
des mœurs antiques et patriarchales de leurs
ancêtres.

§ 21.

De la Superstition et du Fanatisme.

La Superstition est une espèce de cécité
morale qui naît de la faiblesse et de l'ignorance
naturelles à l'homme : on peut la considérer
comme une véritable maladie de l'esprit humain;
guidée par l'erreur, au milieu des ténèbres qui
l'environnent, elle n'a pour flambeau que les

torches funèbres dont l'aveugle fanatisme est toujours prêt à armer ses débiles et tremblantes mains.

» La superstition est au fanatisme, dit Vol-
» taire, ce que la fièvre est au transport, ce
» que la colère est à la rage. »

Le fanatisme est le délire de cette maladie morale qui, enflammé par l'intolérance des opinions, affecte les Peuples à certaines époques de leur constitution politique, civile ou religieuse. C'est ainsi que, dans toutes les révolutions, la liberté et l'égalité ont eû, comme les diverses religions chez tous les Peuples de la terre, leurs sectaires superstitieux et fanatiques, et qu'aux noms de la liberté, de l'égalité et de la religion, des insensés ont fait verser par torrent le sang des Peuples.

« Rien n'est plus propre, dit Machiavel, que
» le fanatisme de la religion ou celui de la
» liberté, pour accréditer une nouvelle domi-
» nation chez un Peuple naturellement porté à
» l'esprit de nouveauté. » (1)

La religion chrétienne essentiellement fondée sur la tolérance, la paix et la charité, ne peut avoir le fanatisme qu'en horreur : car le fanatisme, quelqu'en soit l'objet, est sanguinaire, quand la

______

(1) Le Prince de Machiavel, examen du... chap...

religion, inséparable de son église doit, comme elle, avoir horreur du sang... *Horret à sanguine ecclesia.* N'est-ce-pas, en effet, la religion chrétienne qui, au prix du sang de ses martyrs, a aboli le culte sanguinaire des dieux druidiques en France, qu'elle a, comme l'Europe, éclairée et civilisée? La religion de Jésus-Christ, que les Mahométans eux mêmes, regardent comme un des grands prophètes, c'est-à-dire, comme un de ces grands législateurs envoyés par le ciel pour le bonheur des hommes, est aussi admirable par la simplicité que par la pureté et la douceur de ses préceptes. Ses schismes et ses fureurs ne sont donc que l'œuvre impie de cette foule de sectaires et de fanatiques qui, tout en détruisant la simplicité de sa doctrine, n'ont travaillé qu'à rompre en effet l'unité et l'indivisibilité de son église.

Le fanatisme de la religion, comme celui de la liberté, ne sont donc que deux grands leviers que d'imprudens et trop habiles novateurs ont, souvent et tour-à-tour, employé pour soulever les Peuples, et les précipiter dans l'abîme des révolutions. Le fanatisme de la liberté, dans sa fougue guerrière, peut excuser aujourd'hui toutes les fureurs dont le fanatisme religieux peut avoir été, en France, la cause ou le prétexte : l'histoire de la république Française qui prétendit aussi à son espèce *d'unité et d'indivisibilité*, ne doit que trop nous apprendre, comme celle des révolutions d'Angleterre, que les superstitieux, les sectaires et les fanatiques sont à la religion chrétienne, ce que les démagogues, les enthousiastes, les presbytériens, les jacobins et tous autres insensés anarchistes ont été à la liberté de ces deux Peuples, dans les dix-sept et dix-huitième siècles de notre ère.

Fasse le ciel, que la France, au dix-neuvième siècle, désabusée de ses erreurs, instruite par ses malheurs, brille en paix de tout l'éclat que les lumières et la valeur guerrière de ses Peuples lui avaient donné, sous les derniers Princes de son antique monarchie !

§ 22.

Du Despotisme, des Despotes et des Tyrans.

J'ai dit, § v., que le gouvernement despotique était celui dont le chef ou le despote ne régnait que par la force, au gré de son caprice ou de celui de ses favoris.

» Il y a despotisme et bientôt tyrannie, dit » J. Jacques, là où le Prince se mettant à la

» place des lois, les fait parler à son gré et à
» son caprice. (1)

» Il y a dans tous les hommes, dit Helvé-
» tius, un désir secret d'être despote, parce que
» l'homme a plus ou moins besoin de faire servir
» les autres à son bonheur personnel. (2) »

Tout gouvernement, tout Empire dont l'intérêt, l'injustice et la force sont les seuls fondemens, n'ont aucun droit à attendre de la justice humaine ou divine, quand la force, armée des mêmes droits, vient à en renverser la puissance, puisque l'un et l'autre ne sont détruits que par le principe et la cause de leur existence : la multitude des factions et les violences qui en sont les suites inévitables, l'instabilité des Princes qui n'en sont que des chefs temporaires, sont le caractère distinctif de ces iniques gouvernemens ; tel est le déchirant tableau qu'offre l'histoire des Empereurs de Rome et de Constantinople, celle des Sultans Ottomans, des Pachas de l'Egypte et de la Turquie, des Rois de Perse, des Nababs de l'Inde et d'autres tyrans, qui semblent avoir fait de l'Orient le domaine du despotisme et de la tyrannie.

---

(1) Discours sur l'inégalité parmi les conditions humaines. J. J. Rousseau. 1755.

(2) Livre de l'Esprit. Helvétius. Paris, 1758.

(109)

« Il ne faut ni art , ni science pour exercer
» la tyrannie, a dit la Bruyère. » (1) quant au despotisme , il infeste trop communément tous les
genres de gouvernemens. Notre révolution , après
avoir fait si cruellement éprouver toutes les
fureurs anarchiques du despotisme démocratique
ou populaire , le plus sanguinaire et le plus
violent de tous , a fait place au despotisme
militaire qui a fait peser sur toute la France et
sur l'Europe le joug de fer qui lui est propre.

La féodalité , ce droit de la force , c'est à
dire, des guerriers conquérans sur les Peuples
vaincus , réduits à l'état de servitude , prit naissance, dans tous les temps, sous le joug du despotisme militaire. Par quel aveuglement les Français,
dont la révolution a eu pour une de ses causes
premières la destruction de la féodalité , n'ont-ils
pas senti que Buonaparte , après avoir si heureusement terrassé le despotisme populaire et
directorial, s'être rendu le maître absolu du
pouvoir consulaire et s'être fait ceindre du bandeau impérial, ne marcha plus qu'à pas de
géant au rétablissement de la féodalité, par l'institution de ses sénatoreries , par les dévorantes
profusions de ses dotations civiles et militaires
et enfin , par la création d'une nouvelle noblesse

____

(1) Caractères de la Bruyère. Chap. x.

O

dans celle des titres héréditaires de Duc, de Comte, de Baron et de chevalier : et cependant, dans quel état de nullité, le despote n'avait-il pas réduit le pouvoir et la dignité de la représentation nationale ? qu'avait-il fait de cette liberté et de cette égalité, pour l'ombre de laquelle tant de sang avait coulé ; quand celui qu'il faisait couler journellement à si grands flots ne coulait plus, en effet, que pour reculer les limites d'un Empire sans bornes ? et, en dernier résultat, la France n'avait donc été si cruellement déchirée et bouleversée par la plus terrible des révolutions, que pour changer la dynastie de ses anciens Princes Français, et en récréer une nouvelle dans la famille d'une Peuplade étrangère ou à peine alliée; et pour échanger enfin, un sceptre de lys contre un sceptre de fer? mais toute colonne monumentale dont l'homme voudra relever audacieusement le chapiteau au-delà de ses proportions, s'écroulera toujours sur le sol de sa base : tel s'éleva et s'écroula ce colosse aux pieds d'argile, dont l'ombre éternelle ne cessera de rappeler à la postérité le souvenir des revers affreux de sa fortune et de nos malheurs, plus grands et plus étonnans peut-être encore, que furent grandes et étonnantes ses nombreuses, mais trop sanglantes et inutiles victoires.

La guerre, dont j'ai déja déploré les affreux résultats, semble avoir fait tout le génie de Buonaparte ; les fureurs de ce fléau semblent n'avoir été que le souffle vital qui fit respirer son âme altière : Eh ! pourrait - on appeler *grande* , *cette âme* qui jamais ne connut l'amitié ; qui jamais ne laissa échapper , au milieu d'un champ de bataille , le moindre soupir d'un sentiment d'humanité ; qui jamais ne fut agitée de cette sensibilité dont le charme , en donnant plus de force à la puissance , achève et assure tout à la fois les conquêtes que la victoire ne peut atteindre ! son cœur dont il n'a que trop laissé entrevoir la teinte empourprée , reste à jamais enveloppé dans les replis serrés de sa sombre et infernale politique ; mais qui peut parler de son cœur ? *illi robur et æs triplex circa pectus erat* (1). Doué d'un esprit vaste , ardent et audacieux , mais subtil et impénétrable , cet homme , extraordinaire sans doute , joint à une activité infatigable , une humeur fougueuse et indomptable qu'il doit à un caractère altier , violent et inflexible , et à un tempérament robuste mais atrabilaire. Doué d'une heureuse mémoire , l'étude de l'histoire et de la vie des grands capitaines de l'antiquité fit la passion de son enfance ; mais de l'histoire qu'il connaît assez généralement , il n'aura su , malheureusement , en retirer dans sa carrière politique , qu'un fruit

---

(1) Horatius , lib. i , ode iii.

aussi amer pour lui, qu'il aura été funeste pour la France et pour l'Europe (1).

Buonaparte fut grand, sans doute, quand, après ses brillantes campagnes de l'Italie et de l'Égypte, il revint triomphant en France, y terrasser l'anarchie populaire et la tyrannie directoriale ; quand, de la dignité consulaire et directoriale, il rétablit la royauté dans le pouvoir impérial ; quand il releva les autels du

---

(1) Quand la mort civile et politique d'un homme trop illustre, l'a déjà soumis deux fois et de son vivant, au jugement de ses contemporains et de l'impartiale postérité, l'auteur de cette ébauche historique ne craint pas le blâme d'avoir cherché à en noircir les traits : cependant, après avoir jeté deux grains d'encens (en Égypte, juillet 1798, et en France, mars 1811) dans les feux qui ont brûlé de toutes parts, en l'honneur de cette idole, aujourd'hui renversée, l'auteur croit devoir ajouter ici que, par une particularité assez remarquable, il se trouve en avoir esquissé une première ébauche, il y a trente trois ans. L'époque de cette esquisse date donc de cet âge heureux où l'on apprend d'ordinaire, sur le banc des écoles, à se lier pour le cours de la vie, mais où, quelquefois aussi, un secret instinct donne un aveugle préssentiment de la diversité et de la bizarerie des destinées humaines.

Si cet aveu ne trouvait que des censeurs sévères, il prouverait du moins l'impartialité et le désinterressement d'un homme qui, se qualifiant dans cet opuscule, du titre de *l'ami du Peuple et du Prince*, ne cherche que la paix et le bonheur de la patrie, en condamnant à l'oubli un homme trop célèbre, et dont la mémoire peut encore, comme la vie, causer tant de maux à la France, quand l'Europe, en armes, a su s'en préserver pour toujours.

catholicisme ; quand il recueillit dans des Codes
le dédale inextricable de nos lois révolutionnaires ; quand il couvrit la France de travaux immenses. La mémoire d'un homme qui fit de si
grandes choses, chez un Peuple dévoré par tous
les maux d'une affreuse révolution ; qui, après
avoir étendu son sceptre de fer sur la France,
sut maîtriser encore assez l'Europe, pour en as-
socier, pendant quelques années, les Princes à
ses projets comme à sa fortune, n'est sans doute
que trop immortelle. Mais, hélas ! si, à l'instar
de cette sage coutume des anciens Égyptiens,
nous soumettons à la balance des actions humaines, la vie politique de ce colosse, fantôme
de fausse gloire, combien ne trouvons nous pas
de fautes inconcevables, de noires perfidies,
d'horribles machinations, de crimes inutiles,
de guerres injustes et impolitiques, d'assassinats
secrets ou publics, même au milieu des théâ-
tres divers de ses sanglans triomphes ! c'est rappeler ici cet affreux assassinat d'un jeune Prince
du sang royal (1) ; combien enfin de revers
inouis, tels que les annales du Monde n'en

---

(1) Le Duc d'Enghien fut arrêté et enlevé de nuit, par la
violation la plus manifeste du droit des gens, à Ettenheim,
petite ville située sur la rive gauche du Rhin, dans les États
de Bade, (alors pays neutre,) le 24 ventose an XII (15 mars
1804). Transporté en poste à Paris, où il arriva le 20 mars,
à 4 heures de soir, ce Prince Français fut précipité dans les

offrent pas d'exemples ! et cependant, que de
maux, ce foudre de guerre n'eut-il pas détour-
nés de la France ! que de bienfaits n'eut-il pas
versés sur elle ! si, à la plus brillante époque
de sa vie, au lieu de briguer et d'obtenir sa
double alliance impériale ; si, au lieu de se
voir forcé d'abdiquer deux fois une couronne
alors chancelante, il eût été assez grand, ou du
moins assez adroit pour consacrer, par le plus
grand acte d'héroïsme, véritable ou simulé, le
dogme politique de la légitimité du trône en
France, en s'en déclarant à jamais le restaura-
teur et le plus noble appui ! eh ! qui jamais fut
le maître absolu d'une si haute destinée ? s'il
eût voulu la remplir, aurait-il entraîné dans
sa chûte tant de milliers de braves, qui jamais
n'auraient cessé de servir la France et d'en être

---

prisons du château de Vincennes, où une commission militaire, nommée d'avance, reçut l'ordre de le condamner à mort,
le lendemain 30 ventose an XII (21 mars 1804). L'exécution
eut lieu la nuit suivante, dans les fossés de ce château-fort,
à la clarté d'une lanterne.... suspendue à l'auguste victime...
Horrible exécution, inouïe et sans exemple, non dans l'hitoire
des révolutions, mais dans les annales militaires ! que son auteur
a vainement cherché à ensevelir dans les ténèbres de la nuit ;
mais que la France, qui en a porté le deuil avec toute l'Europe,
n'a jamais regardée que comme un affreux assassinat ! Le Duc
d'Enghien sut mourir, comme il avait vécu, en guerrier-chrétien,
digne du sang du grand Condé. C'est ainsi que fut si indigne-
ment assassiné, à l'âge de trente deux ans, le noble et dernier
rejetton d'une branche qui donna tant de héros à la France !

les premiers défenseurs ! Combien ne serait pas grande et puissante aujourd'hui la France, dont le Prince légitime eût sû, par sa haute sagesse, conserver et légitimer quelques fruits de tant de conquêtes ! mais, quoique sa politique le portât à croire ou à faire croire à la fatalité des choses humaines, il n'y pénétra pas assez, sans doute, pour pressentir qu'il devait servir d'un grand et terrible exemple à son siècle, comme à la postérité, dans la soumission et le respect que les Peuples ne doivent jamais cesser d'avoir pour leurs Princes et leurs Rois légitimes ; et dans les justes limites que les Princes ne doivent jamais dépasser dans l'exercice de leur souverain pouvoir.

La France après avoir été, et l'Europe avec elle, éblouie des éclairs de ce foudre de guerre, doit rappeler et dire à la postérité, que *Buonaparte*, sous le nom de *Napoléon*, n'aura épuisé d'hommes et d'argent la France que pour ravager l'Allemagne, l'Espagne et toute l'Europe : qu'il ne l'accabla d'impôts que pour satisfaire son insatiable avidité et ses effroyables prodigalités ; qu'après avoir impitoyablement foulé les Peuples, fatigué la victoire et la fortune, tel qu'un sanglant météore, il se sera élevé du sein de la France pour briller d'un feu dévorant sur l'Europe, et quelques points des autres parties du Monde ; et, après avoir enfin laissé le théâtre immense de ses ravages, tout fumant des noires et épaisses vapeurs de l'embrasement général que son apparition y aura causées, pour aller s'éteindre sur le stérile rocher d'un ancien volcan des mers atlantiques.

Puisse-t-il être réservé au Prince de l'auguste et légitime dynastie des Bourbons que, deux fois, les extravagances de ce tyran, nouveau Gengiskan, auront rappelé et replacé sur le trône de ses ancêtres, d'en éteindre les feux dans notre malheureuse Patrie, et de réparer tant de maux, par tous les bienfaits que ce monarque a médités en son cœur, pour le salut et le bonheur de la France !

§ 23.

Des Biens Nationaux.

On se demandera, peut-être ici, quel est l'enchaînement que j'ai mis aux divers chapitres de cette opuscule ? on demandera quel est le rapport de cet article avec celui qui le précéde ? Je me borne à rappeler que cet ouvrage ne tend qu'à parler généralement des causes et des résultats les plus frappans de notre révolu-

tion en 1815. Sans prétendre donner des obser‑
vations d'une politique profonde, je veux parler
ici de l'une de ces choses dont nous parlons
journellement, depuis vingt-cinq ans, et dont
l'objet a été l'une des causes funestes de nos
dissensions.

Les biens nationaux ne doivent s'entendre ici
que de ces biens que le torrent furieux de notre
révolution a si cruellement ravagés et entraînés
dans le cours de ses eaux rapides et fangeuses,
grossies des larmes et du sang Français. C'est dire
assez clairement l'espèce de biens dont je ne veux
parler que très brièvement, car l'époque de cette
funeste expropriation est encore trop récente pour
nous y appesantir.

Je commencerai par dire aux Français que cet
article touche de si près, et doit affecter si
sensiblement, on peut et on doit l'avouer, que
les biens en question ont tellement été roulés
sous les vagues torrentielles de notre révolution,
qu'il n'est plus possible aujourd'hui de les recon‑
naître, tant ces biens restent dépouillés et déna‑
turés de leur ancien état. C'est ainsi que, les
yeux baignés de larmes de joie et de tristesse
tout à la fois, en a jugé le père de tous les
Français, à son retour sur le sol national.

Ainsi, quelques affreux qu'aient été les temps
de calamité publique où se sont consommées les

expropriations de ces biens, les nouveaux pos-
sesseurs ont légalement acquis, et l'article ix
de la charte constitutionnelle a sagement confir-
mé cette œuvre d'iniquité. Cette confirmation de
nécessité politique est donc sage et juste, dès
qu'elle est impérieusement commandée par le
salut public. (1)

Cette triste vérité, sans doute, est aussi dure à
dire qu'il m'est pénible de la répéter ; mais
quand la vérité fait la devise de cet écrit, ne
dois-je pas la rappeler ici, autant pour chercher
à calmer les trop justes regrets des uns, que
pour rassurer aujourd'hui l'injuste inquiétude
des autres.

O vous qui m'entendez ! quand déjà vous avez
entendu parler le cœur des Français sur votre
sacrifice au Prince, votre cœur également généreux saura le consommer ce sacrifice à la Patrie,
puisqu'après tous nos désastres, la France et son
Prince nous appellent tous indistinctement pour
oublier nos pertes et nos maux communs, pour
réunir nos vœux et nos efforts, et travailler en
paix à notre grand-œuvre, celui du rétablissement de notre monarchie constitutionnelle dont
dépend, seule, le salut de l'état.

____

(1) Cet article de la charte, est conforme au § 94, du titre
7, de la constitution Française, du 22 frimaire an 8 (13
novembre 1798).

L'expropriation des biens d'une famille, par suite d'une comdamnation civile ou politique d'un de ses membres est un acte de violence, d'injustice et de tyrannie. On reconnait que toute condamnation du coupable d'un délit ou d'un crime, entraîne celle aux frais et dépens dans toute procédure, comme aux dommages et intérêts de la partie lézée. Mais pour être juste, morale, humaine et politique tout à la fois, la loi de la confiscation ne doit être que temporaire et partielle de la valeur des biens du condamné. Cette modification est d'autant plus juste, qu'un des principes philantropiques de la révolution a été de déclarer que les fautes, comme les crimes, n'étaient que personnels ; or la loi tyrannique qui enlève tous les biens de la famille d'un comdamné, en arrachant tout espoir et toute ressource aux membres de cette famille qu'elle plonge dans la misère, en fait autant d'ennemis irréconciliables du gouvernement.

L'article 66 de la charte porte textuellement : » La peine de la confiscation est abolie et ne » pourra être rétablie. »

Cet article de la charte est sans doute fondé sur un principe libéral : il est un acte authentique de la bonté du Roi et de son respect pour la propriété.

Un ministre dont le nom rappelle celui de ce grand homme d'état du règne de Louis XIII, a fait connaître à la chambre des députés , l'esprit de sagesse qui a dicté cet article de notre charte constitutionnelle. (1)

« Plus de confiscation, dit la charte que nous
» avons jurée : par la sagesse de cette loi, Louis
» XVIII a voulu puiser dans nos malheurs, une
» grande leçon pour les Peuples. Ce sont les
» confiscations qui rendent irréparables les maux
» des révolutions : voyons-en parmi nous les
» lamentables effets ; en punissant les enfans,
» elles lèguent aux générations futures les haines
» et les vengeances ; elles désolent la terre , com-
» me les conquérans à la suite desquels elles
» marchent. »

Fasse le ciel, que les révolutionnaires présens et à venir , qui n'opèrent leurs révolutions que par le mépris et la violation des lois les plus sages , respectent au moins cet article fonda- mental des droits les plus sacrés, celui de la propriéte , premier principe de la liberté des Peuples !

Un des malheurs de l'expropriation des biens en question , est l'extinction de ces secours an- nuels et journaliers qui faisaient, sur tant de points de la France, le patrimoine des pauvres.

____

(1) Discours de M. de Richelieu, à la chambre des députés , séance du 6 janvier 1816.

Et qui, en effet, étaient plus bienfaisans que ces anciens et riches propriétaires-fonciers dont les libéralités leur constituaient, de fait, le droit le mieux fondé de leurs titres seigneuriaux ? Qui étaient plus charitables que ces pasteurs, leurs premiers aumoniers, obligés aujourd'hui de réclamer pour eux mêmes les secours qu'ils recevaient d'une main, pour les rendre d'une autre également libérale ? Les pauvres ont donc beaucoup perdu à ces funestes expropriations, aujourd'hui divisées et anéanties pour eux.

Le gouvernement impérial avait médité de réparer cette perte par l'établissement, dans chaque département, de ces aziles de la misère, connus sous le nom de *dépôt de mendicité* : qu'il eut été vraiment grand, ce gouvernement, s'il n'avait jamais employé sa puissance qu'à concevoir et exécuter de pareils projets ! Mais hélas ! pourquoi a-t-il épuisé et tari toutes les sources qui devaient en donner les moyens d'exécution ? c'est une de ces mille et mille choses dont il aura été forcé de léguer l'exécution au Prince légitime, seul capable de réparer nos maux, en rétablissant la véritable liberté, sous les lois de notre monarchie constitutionnelle.

§ 24.

Des Finances de l'Etat.

Les finances d'un état sont, dans tous les temps, une des pierres fondamentales de l'édifice social : riche en temps de paix de l'agriculture et du commerce, l'économie, au front sévère, ne doit jamais quitter la clef de ses trésors que pour ouvrir à la nécessité, dans les temps de guerre.

Rien n'est plus aisé que d'avoir un bon système de finances ; il ne s'agit pour cela que de l'ordre et de l'économie, en tenant toujours la balance des dépenses au dessous de celle des revenus, de manière à avoir constamment un fonds de réserve pour subvenir aux dépenses extraordinaires et imprévues ; c'est le seul moyen de n'avoir pas à recourir, en temps de guerre, à des surcharges d'impôts ou à des emprunts onéreux qui fatiguent les Peuples, en épuisant les moyens et le crédit publics.

Mais, ce qui est difficile en fait de finances, car tout le monde connaît le système dont je viens de parler, c'est d'établir et de maintenir ce système... *Hoc opus, hic labor est...* Je ne veux pas parler ici de la balance financière de la France, à l'époque où nos finances forcèrent le meilleur des Rois à convoquer les états généraux, dans le but de chercher les moyens de subvenir aux besoins de l'état, sans surcharger le Peuple, et d'établir un ordre tel que les revenus fixes pussent couvrir à jamais les charges et les dépenses ordinaires, et subvenir même aux cas extraordinaires ; je ne veux pas en parler *numériquement*, sur tout, par deux raisons : la première est que je manque de données suffisantes, et la seconde, parce que je pense que c'est un tort d'en parler trop publiquement. Quand on sait que la fortune d'une riche maison de banque, dont le crédit repose autant sur la bonne foi que sur des biens hypothécaires, ne se maintient, par instans, que par le plus grand secrèt de ses opérations, comment une grande société, non commerçante, prétendrait-elle soutenir ou rétablir ses affaires, en publiant sa situation réelle dans un de ses momens critiques, quand avec de grandes ressources et quelques sacrifices, elle est en état de faire face à tout ? voici quelle a été la marche de cette société ; et l'on verra si elle avait besoin de s'éclairer de lumières étrangères, pour exposer sa situation fâcheuse, mais passagère, à une trop grande publicité.

Un père d'une grande famille, riche en biens fonds, (père excellent et chef d'une nombreuse tribu) convoque les plus éclairés de ses enfans, les croyant encore les plus sages, pour l'aider. à rétablir l'ordre des finances de sa maison , mais dont le dérangement lui était étranger : les ainés privilégiés , après avoir mûrement reconnu la situation des choses , voulant se rendre autant à la justice qu'à la nécessité , consentent enfin à des sacrifices et à une égale répartition des charges ; mais bientôt ces concessions ne satisfont pas ; de nouvelles prétentions font naître de nouvelles difficultés. L'esprit de liberté et d'égalité vient rompre avec fureur les rangs de l'ordre social, dont la paix et l'harmonie formaient les liens; des querelles et des dissensions les plus sanglantes , déchirent bientôt tous les membres de cette grande famille. Les mineurs, en plus grand nombre , s'emparent de tous les biens fonciers qu'ils dispersent, qu'ils dénaturent et qu'ils vendent à bas-prix. Les biens des ainés privilégiés sont presqu'entièrement compris dans la dilapidation générale ; et , au milieu des plus affreux débats d'une guerre intestine, on ne s'inquiète plus du grand objet de la convocation du conseil de famille. Cependant , dans un de ces instans de trève, suite de lassitude, on revient enfin à reprendre le soin des affaires et, pour trancher la difficulté, le conseil usurpateur déclare consolider le tiers de la dette de famille : *nil interest quò modo solvatur.* Si ce système de finance, malheureusement trop suivi dans notre siècle, avait au moins comblé le déficit ! Mais quand en résultat, on voit, vint-cinq annees après l'ouverture du conseil de famille, le frère de cet infortuné père de famille, (car il était arrivé que ce bon père avait succombé dans la lutte de ses enfans) reparaître avec ses parens qui, comme lui, avaient été reduits à abandonner la maison et la tribu ; quand dis-je, on voit son frère héritier de sa bonté, de sa justice et de ses vues paternelles, reparaître au sein de la tribu, et y retrouver la dette commune plus forte, et cependant, être tout aussi sacrée pour lui qu'à son départ, on doit avouer que les résultats des déchiremens de cette famille sont aussi cruels, qu'ils sont affligeans et déplorables !

O ! bon La Fontaine, un si grand sujet que ton siècle nous préparait alors dans le lointain, a manqué à la vérité de tes observations ! C'est un apologue dont l'intérêt moral et politique, est digne des imitateurs des traits de l'aimable vérité qui brille en tes œuvres immortelles !

Mais, pour en revenir à notre situation finan-cière, nous dirons, quand on se représente les moyens et les ressources immenses que nous avons déployés au milieu des plus affreux déchiremens ; quand on pense au sang et aux trésors que nous avons prodigués sans mesure, nous dirons que rien ne peut être impossible à des Français.

Quand le retour des Bourbons en France, a ramené et assuré la paix générale en Europe; quand le Prince de notre royale dynastie cherche à consolider la dette publique que notre révolution a nationalisée, comme à maintenir l'acquisition des biens nationaux que notre charte a reconnue et garantie; quand ce Prince cherche encore les moyens de fixer à jamais l'ordre et l'économie dans les finances, c'est sans doute au véritable patriotisme qu'il appartient aujourd'hui de subvenir aux moyens, les seuls propres à y concourir; nous n'avons, en effet, que des sacrifices biens légers à faire, en comparaison de ceux que nous avons faits dans les efforts de nos convulsions. Quand tous les fonctionnaires civils et militaires font de nobles abandons à l'état, c'est aux capitalistes à rendre à la circulation des fonds morts ou enfouis; c'est au commerce à les replacer avec confiance dans les intérêts de notre marine commerçante : reportons nos regards sur le vaisseau de l'état, objet de tant d'espérances, et nous le verrons prêt à flotter sur des mers libres et pacifiques, pour aller protéger de nouveau, dans les deux Mondes et sous son ancien pavillon, le commerce national, dont l'industrie et l'activité rendront, avec la paix, à la France sa richesse et son ancienne prospérité.

Il est un objet dont je n'ai dit qu'un mot en

cet article, et sur lequel je veux insister plus particulièrement : je veux parler de la publicité que
nous donnons si imprudemment à toutes nos discussions. Sous un gouvernement sage et paternel,
fort de sa légitimité, de sa justice et de sa loyauté,
est-il bien de l'intérêt public de traiter publiquement et à fond, tout ce qui tient au secret de
notre situation financière ? Il est de certains
articles, en matières de finances comme de législation, sur lesquels toute discussion publique
tend bien moins à éclairer l'opinion générale,
qu'à l'ebranler, et à alarmer surtout la confiance :.
on n'aime pas à voir une riche et fastueuse
maison de banque ou de commerce exposer son
bilan, quand on sait, au contraire, que le secret
dans le cabinet des cours, comme dans toutes les
opérations commerciales, est l'âme de la politique
et du commerce : avons nous, en effet, remédié
à notre situation financière depuis trente ans que
nous l'avons exposée aux yeux du Monde entier ?
Que sert-il, et qu'à-t-il servi à la France, d'exciter
et d'avoir excité les ris ou le mépris de tous
les oisifs, dans tous les cafés, ou dans les taver-
nes de l'Europe, par la lecture de nos embarras,
de nos erreurs, ou de nos convulsions politiques ?
Nous avons trop oublié, dans notre siècle de
lumières, qu'un gouvernement sage est l'image
d'un grand arbre, dont les rameaux nombreux et
touffus, doivent couvrir au loin les Peuples qui
jouisssent des bienfaits de son ombre ; mais dont

les racines doivent rester soigneusement cachées dans leur sol nourricier. Mais, il commence à luir ce jour, où les Peuples fatigués d'avoir ébranlé et fouillé cet arbre antique et sacré jusques dans ses racines les plus profondes, après l'avoir relevé, se reposeront en paix à l'ombre de ses rameaux protecteurs. Enfin, dans tout gouvernement, le meilleur système de finances, quelques soient l'ordre et l'économie qui y président, ne peut avoir de base fixe et de fondemens durables, que sur la fidélité des engagemens, sur la paix et le crédit inséparable de l'esprit public ou national.

Passons à l'examen de ce gouvernement paternel, objet de tant d'erreurs, de tant de sacrifices, et qui fait aujourd'hui notre unique refuge.

§ 25.

De l'État Monarchique et de la Royauté.

La monarchie, comme je l'ai dit, prit naissance chez les premières Peuplades que le besoin de vivre en société, réunit sous un seul chef, dont le pouvoir paternel devint héréditaire ou électif, sous le nom et la forme de *Monarchie.*

(129)

Quand la jalousie, les haines et les guerres enfin, eurent divisé et déchiré ces tribus, les plus forts ou les plus adroits, les plus ambitieux ou les plus audacieux s'emparèrent du pouvoir ; et le pouvoir, de monarchique qu'il était, y devint *démocratique, aristocratique* ou *despotique.*

C'est au milieu des misères humaines, des troubles et des horreurs des combats, dit J.-J. Rousseau (1), qui naquirent des premiers fondemens des sociétés naissantes, qu'un Dieu semble avoir révélé aux hommes ces paroles : « Unis» sons nous pour garantir de l'oppression les
» faibles, contenir les ambitieux, et assurer à
» chacun la possession de ce qui lui appartient :
» instituon sdes réglemens de justice et de paix
» auxquels tous soient assujétis, qui ne fas» sent acception de personne, et qui réparent
» en quelque sorte, les caprices de la fortune,
» en soumettant également le puissant et le fai» ble à des devoirs mutuels : au lieu de tour» ner nos forces contre nous-mêmes, rassemblons
» les *en un pouvoir suprême,* qui nous gouverne
» selon de sages lois, qui protège et défende
» tous les membres de l'association, repousse
» les ennemis communs, et nous maintienne
» dans une concorde éternelle. »

----

(1) Discours sur l'inégalité des conditions parmi les hommes. J. J. Rousseau.

De tous les gouvernemens, « la *Monarchie*,
» celui d'un seul chef, que nous designons sous
» le nom de Roi, est, dit Rollin, le plus an-
» cien, le plus généralement répandu, le plus
» propre à maintenir les Peuples dans la paix
» et l'union, et le moins exposé aux révolutions
» et aux vicissitudes qui agitent les états. C'est
» ce qui a porté les plus sages écrivains de l'an-
» tiquité, Platon, Aristote, Plutarque, et avant
» eux Hérodote, à donner la preférence à cette
» sorte de gouvernement sur tous les autres.

» Les Peuples de l'Orient, chez qui le gou-
» vernement républicain n'a jamais été connu,
» rendaient des grands honneurs au Prince
» régnant, parce qu'ils respectaient en lui le
» caractère de la Divinité dont il était l'image
» vivante, et dont il tenait la place à leur égard,
» étant établi sur le trône par la main du Sou-
» verain-maître, et revêtu de son autorité, pour
» être envers eux, le ministre de sa bonté et
» de sa providence. C'est ainsi, dit M. Rollin, que
» pensaient et parlaient les Payens mêmes. » (1)

S'il est nécessaire que l'autorité souveraine, et
quelques parties même qui émanent de cette autorité, soient *héréditaires* dans quelques familles
choisies et privilégiées pour le repos et le bonheur
des Peuples ; il importe aussi que les Rois et

______

(1) Pensées de M. Rollin. — Plin... in-panég... Traj...

les grands de leur cour, n'oublient jamais cette maxime des Orientaux « *que le pasteur est éta-* » *bli pour le troupeau, et non le troupeau pour* » *lepasteur.* »

Cette sage maxime qu'on lit dans Saïdy, auteur Arabe, est sans doute de toute justice et de toute vérité, puisque, sans troupeau point de pasteur et, réciproquement, point de pasteur sans troupeau. Cette ingénieuse comparaison de la royauté doit ê're aussi ancienne qu'elle est naturelle chez les Orientaux, dont les Peuples-pasteurs se choisirent, dès leur origine, pour Rois ou chefs les pères de leur propre tribu : c'est ainsi que ces chefs de familles en furent long-temps les juges, les grands-prêtres ou les Rois, chez les Israélites et les Hébreux leurs successeurs. Avec quel saint-respect n'entendons-nous toujours pas ces paroles sacrées que Racine, ce poëte du cœur, met dans la bouche du grand - prêtre Joad, ceignant dans le temple-saint, le jeune Joas du bandeau royal ! (1)

> Apprenez, Roi des Juifs, et n'oubliez jamais
> Que les Rois dans le ciel ont un juge sévère,
> L'innocent un vengeur, et l'orphelin un père.

Les Rois justes et les Princes éclairés ont toujours cherché à faire le bonheur de leurs Peuples: leur popularité leur en assure l'affection, quand

---

(1) Racine... Athalie, acte T.

elle est fondée sur la raison, la justice et sur l'humanité. C'est ainsi que la mémoire de Henri IV, n'a jamais cessé d'être chère à tous les Français, et que l'esprit de ce bon Prince règne encore sur nous, tout en contribuant à nous ramener sous la domination paternelle de notre antique monarchie. (1)

Un Prince vraiment populaire est celui dont la justice et la bonté, exemptes de faiblesse, sait venir au secours de son Peuple, dans les années de disette et de calamités publiques. Mais pour cela, il faut qu'il n'aime pas plus le faste que les conquêtes, et qu'il sache être également et tour-à-tour économe et libéral.

Platon dit, en parlant de la royauté. » Il en » est d'un état comme du corps humain ; le » corps est composé de la tête et des membres ; » et parmi ces membres, il y en a de plus » apparents, de plus nobles et de plus néces- » saires les uns que les autres.

» Il y a entre les habitans d'une ville et d'un » état, un rapport mutuel de besoins et de secours » qui forme entre eux une liaison admirable.

______

(1) C'est à la popularité d'Henri IV, que l'on doit cette chanson, aujourd'hui dans le cœur et à la bouche de tous les Français :
Vive Henri quatre ! vive ce Roi vaillant !
Pouvait-il être populaire, et était-il Français ce tyran de la France, qui disait, dans l'ivresse d'un pouvoir despotique, qu'Henri IV n'avait jamais été que le Roi de la canaille !

» Si tous étaient riches, il n'y aurait ni labou-
» reurs, ni maçons, ni ouvriers : si tous étaient
» pauvres, il n'y aurait ni magistrats, ni Princes;
» c'est cette dépendance mutuelle qui a rassemblé
» et réuni, dans l'enceinte des mêmes murailles,
» cette multitude d'hommes de différens emplois,
» de divers métiers, tous nécessaires pour l'uti-
» lité commune et dont aucun, par conséquent,
» ne doit être négligé, et encore moins méprisé
» par celui qui gouverne. (1)

C'est cette maxime royale que La Fontaine a si bien rendue dans sa fable des *membres et de l'estomac.* (2)

> . . . .
> Ceci peut s'appliquer à la grandeur royale.
> Tout travaille pour elle, et réciproquement.
> Tout tire d'elle l'aliment :
> Elle fait subsister l'artisan de ses peines,
> Enrichit le marchand, gage le magistrat,
> Maintient le laboureur, donne paye au soldat;
> Distribue en cent lieues ses graces souveraines,
> Entretient seule tout l'état.

Qu'on ne dise pas que de pareilles citations ne sont que des puérilités, en matière de politique. Qui pourrait avoir oublié que ce bon La Fontaine n'a si bien fait parler les animaux, que pour rendre à leurs maîtres la raison qu'ils

----

(1) Plat. de leg. lib. v. et de repub. lib. II.

(2) La Fontaine, lib. III. Fable II.

R

ne perdent hélas ! que trop souvent ? Et qui plus que cet excellent fabuliste a été aimable moraliste et , par fois, assez bon politique ?

Les lois les plus sages et celles qui sont le mieux observées, sont celles qui sont fondées sur l'esprit des Peuples qu'elles doivent régir ; mais avec les meilleures lois imaginables, un état où la religion serait sans force, ne pourrait se soutenir sans une force armée et permanente, aussi nécessaire à sa sureté intérieure, qu'à maintenir et faire respecter à l'extérieur l'intégrité de son territoire : or, une armée ne peut pas plus exister sans soldats, que des soldats ne peuvent exister sans chefs : il suit nécessairement de ces vérités de fait, que l'esprit militaire, qui est indispensable à la conservation de tout Empire, est le plus fort argument que l'on puisse porter en faveur de la préférence que l'on doit donner, surtout en France, au gouvernement monarchique sur celui de la démocratie ou de tout autre : c'est en effet, à son esprit naturellement belliqueux que la nation Française, qui a si cruellement éprouvé toutes les fureurs anarchiques de la démocratie et celles de la tyrannie populaire, doit son retour si prompt à la domination d'un seul chef, dont le sanglant despotisme militaire l'a ramenée, par ses extravagances, sous la paisible autorité de ses anciens monarques.

La plupart des Peuples de l'antiquité, les Egyptiens, les Hébreux et autres de l'Orient, et, après eux, tous les Peuples chrétiens, ont généralement reconnu cette maxime fondamentale de la puissance des Empires, que... *il n'y a point de puissance qui ne vienne de Dieu... que Dieu seul a établi la puissance des grands et des Rois sur la terre.*

C'est ainsi que les Rois de France, en reconnaissant que leur autorité, consacrée par le chef visible de l'église catholique, est une émanation de la divinité, publient leurs édits ou ordonnances, sous cette formule sacramentelle... *Louis par la grâce de Dieu, Roi de France etc...*

Qu'ils sont impolitiques et qu'ils sont au moins égarés ces hommes, qui ont osé attaquer cette formule royale, par ces paroles sardoniques ! « Si les Rois sont en effet Rois par la grâce » de Dieu, c'est donc aussi par la grâce du » Tout-Puissant qu'ils ne sont plus Rois, quand » le bandeau royal est une fois tombé de leur » auguste front ! »

Tel est le cri de l'impiété qui méconnaît, ou plutôt qui ne veut pas reconnaître l'esprit de sagesse et de sainteté qui doit présider aux lois civiles et morales de tous les Peuples ! je n'entreprendrai pas de discuter sur un pareil sujet, qui tient si essentiellement *aux choses sacrées*, c'est à dire , à ces choses que les sages de l'antiquité reconnaissaient n'appartenir qu'aux lois divines ; et sur les quelles ils gardaient , par ce motif , un respectueux et religieux silence.

On doit avouer, cependant , que le même esprit d'impiété n'a pas osé attaquer cette autre et antique maxime, consacrée de nouveau par nos diverses constitutions monarchiques, royales ou impériales , depuis notre révolution , que. . *la personne du Roi est inviolable et sacrée.* On aime à voir , qu'au milieu de la subversion de tous nos principes civils et religieux , des hommes , dignes du nom de véritables législateurs , n'ont pas cessé de rappeler aux Français , que... *l'hérédité et l'inviolabilité de la personne sacrée des Rois , sont bien moins encore un privilège exclusif attaché à leur auguste personne , qu'un droit divin essentiellement fondé sur le plus grand intérêt des Peuples.*

Un sujet si important pourrait m'entraîner au delà des bornes que je me suis prescrites ; en m'arrêtant ici , je m'écrierai , animé de l'esprit de nos anciens prophêtes. . . . .

Malheur , trois fois malheur aux Peuples qui cessent de reconnaître un instant, que les Rois sont Rois par la grâce du tout - puissant ; car l'esprit de trouble et de discorde est prêt à souffler sur eux , à les disperser et à les confondre dans toutes sortes d'abîmes ! mais aussi malheur aux Rois qui oublient qu'ils sont institués pour être les ministres de la bonté et de la justice de Dieu sur les Peuples de la terre !

Quand l'histoire nous retrace ces querelles sanglantes et souvent interminables qui marquèrent, dans tous les temps, la mort des Rois, dans les monarchies électives, c'est à dire, *non héréditaires*, je rappelerai ces cris que faisaient entendre nos ayeux à la nouvelle de la mort de nos Rois... *le Roi est mort...* s'écriait-on de toutes parts ! eh bien ! au milieu des marques les moins équivoques de la consternation publique, on s'écriait encore... *vive le Roi !*

C'est ainsi que l'hérédité royale nous épargne ces larmes, et souvent ces torrens de sang que font verser à quelques Peuples cette funeste, mais inévitable époque de douleur et de joie, dans leur monarchie élective.

Quand, de tous les points de la France, nous entendons, depuis plus d'une année, ces nouveaux cris, .. *Vive Louis XVIII !* Français, que ces cris de notre amour et de nos regrets frappent encore, à sa dernière heure, les oreilles de ce bon Prince... *Vive le Roi ! et Louis XVIII*, dans tous ses successeurs !

§ 26.

De l'Honneur et des Honneurs.

L'HONNEUR est la vertu des nations guerrières et civilisées : aussi voit-on que l'honneur est, depuis long-temps, en honneur chez les Français.

L'honneur consiste dans le caractère de bravoure et de générosité, comme dans la franchise et la loyauté naturelle d'une nation : il est l'âme et le soutien des gouvernemens monarchiques.

L'honneur remplace en France l'esprit national : cet esprit, qu'un homme à su trop habilement manier dans les Français, nous a conduit à en faire connaître le fanatisme ; c'est à cet esprit du fanatisme militaire que ce même homme, vrai démon de la guerre, a dû tout à la fois, et son élévation si colossale, suite de triomphes inouis, et sa chûte plus étonnante encore, suite inévitable de l'abus excessif de nos forces, et de son aveugle et fatale ambition.

L'orgueil national a porté l'honneur en France, j'entends parler ici de son humeur guerrière, jusques à en distinguer le point caractéristique, sous le nom de *point - d'honneur.*

Le point-d'honneur s'entend du *duel*, et tient à cet esprit de vengeance, de meurtre et de barbarie trop naturel à l'homme ; mais on doit avouer que le point-d'honneur a civilisé cette fureur des duels, que nous avons dit (§ 1.) avoir été si habituelle aux Gaulois, et aux Francs leurs successeurs et nos ancêtres : cette fureur, reste de notre ancien esprit soldatesque, n'existe aujourd'hui que très peu dans la classe militaire; elle est presque éteinte dans l'état civil.

Les honneurs consistent, chez presque toutes les nations civilisées de l'Europe, dans des décorations de croix, de cordons de diverses couleurs, et autres marques distinctives et honorifiques; ces décorations sont dans ces états, une monnoie idéale dont la fabrique est dans les mains du Prince.

« On doit avouer, dit un des savans politiques
» de notre nation, que c'est un grand avantage
» pour une nation et pour le Prince, que de
» pouvoir payer avec une branche de chêne
» ou de laurier, avec des croix et des rubans
» les plus importans services qu'on puisse leur
» rendre. Mais il faut que ces décorations, que
» ces prix ne soient réservés qu'aux vertus vrai-
» ment civiles et guerrières ; car, si elles étaient
» aussi le prix de la flatterie, et de services plus
» honteux encore, qui voudrait se donner la

» peine d'aller les chercher dans les camps, dès
» qu'on pourrait les ramasser à pleines-mains ,
» dans des antichambres ? » (1)

L'auteur de ce passage fait ici la critique amère
de cette profusion que fit de ces marques honorifiques, l'homme qui connaissait assez bien le
caractère Français, pour savoir que les honneurs
sont le propre d'une nation guerrière. Aussi ,
avec quel empressement n'avons nous pas vû
les Français se précipiter en foule, aux pieds
de leur nouveau maître , pour en obtenir ou
ramasser sur ses pas , ces mêmes titres et ces décorations que, vingt années avant, un trop grand
nombre de ces compétiteurs avaient foulés et
lacérés avec tant de mépris et d'indignation (2)?
On doit avouer que ceux d'entre eux, qui avaient
si fortement coopéré à l'abolition de ces titres,

____

(1) Mémoire 1 er, de M. Carnot. Juillet 1814.

(2) L'abolition de la noblesse héréditaire, des armoiries, des
titres , des croix d'ordres et de toutes autres marques de dis—
tinction , fut décrétée par l'assemblée constituante, dans sa
séance du 19 juin 1790.

La création de la légion d'honneur et de sa décoration , date
du 19 mai 1802, sous le Gouvernement consulaire, établi le
15 décembre 1799.

La création des nouveaux titres héréditaires de Duc, de Comte,
de Baron et de Chevalier, avec celle des Majorats, pour la
transmission de ces titres, date du 1.er mars 1808, sous le
Gouvernement Impérial, établi le 18 mai 1804.

et qui devaient s'opposer avec tant de force au retour de cet ancien ordre de choses, se prê-tèrent d'assez bonne grâce à cette véritable contre-révolution que Buonaparte sut opérer avec tant d'habileté en leur profit et en leur honneur. C'est, en effet, une chose bien inconcevable et bien digne de remarque, dans les résultats de notre révolution, de voir qu'un grand nombre des hommes qui en ont été les premiers fauteurs, par l'abolition de toute espèce de décorations honorifiques, (juste conséquence de l'esprit de la sévère égalité) sont justement ceux qui, après avoir porté avec orgueil, à cette époque, ce bonnet dont la couleur distinctive et trop em-blématique, est l'apanage de la liberté et de l'égalité réservées aux condamnés aux travaux dans les bagnes de nos arsenaux maritimes, sont aujourd'hui chamarés de croix et de cordons; quand d'ailleurs ils ont su prendre les moyens les plus courts d'établir dans leur fortune le même esprit d'égalité.

Je n'en conclurai pas moins que ces croix, que ces cordons, que ces titres etc., sont des dis-tinctions honorifiques, utiles et nécessaires chez toute nation dont l'honneur est, comme en France, une des vertus nationales; mais que loin d'être prodiguées, le Prince doit en être aussi économe, pour ainsi dire, que des trésors et du sang de son Peuple.

Ainsi, braves Français, vous qui croyant toujours servir la France, en servant celui qui finit par en être le tyran, n'avez acquis des grades, des croix, des cordons et des titres que par de nobles services; unissez-vous franchement à vos anciens! confondus dans leurs rangs, serrez-vous autour du trône sacré de notre monarchie! et ces derniers services vous auront acquis vos derniers droits à la reconnaissance publique du Prince et de la patrie! Mais, quand vous n'avez plus aujourd'hui qu'à jouir en paix du prix de vos services, ne laissez du moins jamais oublier à vos successeurs que si les honneurs comme la fortune, ne changent que trop souvent les hommes, les honneurs et les titres héréditaires ne transmettent malheureusement pas toujours avec eux, l'honneur, les talens et les vertus qui ont dû distinguer leurs premiers titulaires. (1)

---

(1) Quoique les distinctions honorifiques des croix, des cordons et des titres ne soient aux yeux de quelques prétendus philosophes, que des hochets de la vanité et de l'orgueil des hommes; elles ont généralement été, dans tous les temps, des objets d'envie et d'une noble émulation chez tous les Peuples du Monde. C'est donc une des erreurs de la philosophie de notre siècle, que d'avoir cherché à détruire ces institutions qui reposent sur des opinions générales, dont j'ai parlé ci-dessus (§ 20), touchant les *Préjugés moraux* qu'il importe tant de conserver pour l'ordre social, quand d'ailleurs la cruelle expérience de notre révolution, en les rétablissant, en a reconnu, sans doute,

§ 27.

De la Paix.

Je ne pouvais pas mieux terminer ces feuilles que par en dédier la dernière à la paix. Quand la terre en travail, a été cruellement agitée et bouleversée par ses révolutions physiques, tout tend au repos dans la nature ; et puisqu'il faut bien que les hommes, comme les Peuples, après s'être déchirés long-temps entre eux , et prets à succomber de fatigues, en viennent à cette heureuse fin de leurs maux ; c'est avec un grand plaisir que je ne veux plus parler que de la paix.

La paix, ce besoin des Peuples, est aux nations guerrières, ce que le calme du port est au navigateur battu par la tempête ; ce que la

la nécessité morale et politique ; mais , dans ce cas , il appartient aux titulaires de ces dignités et de ces marques distinctives, et plus particulièrement encore à leurs titulaires par hérédité, de ne jamais oublier que , si les grandeurs comme la fortune changent, en général, le naturel des hommes, elles ne peuvent changer en rien la valeur des mots et des choses ; et faire , par exemple, que le mot *Hauteur* , soit jamais le synonyme Français de *Grandeur* ; quand l'humanité, l'affabilité et la popularité ne font qu'ajouter , au contraire , à la dignité de la véritable grandeur.

douceur des nuits est au laboureur accablé par
la chaleur et les fatigues d'un long jour de travail. La paix est le lien qui unit les Peuples,
ou qui rattache les nations rivales et ennemies,
comme les membres d'une même famille divisée
d'opinion et d'intérêt : elle est l'âme du commerce, et le soutien des Empires. Fille du ciel,
et protectrice des arts et des sciences, elle revient
sur la terre, suivie de la concorde, sa fidèle
compagne, pour consoler les Peuples des malheurs de la guerre, et y ramener les vertus
sociales que la discorde en avait bannies.

Quand l'Europe accablée et gémissante de nos
longs et sanglans triomphes, s'est ébranlée et
soulevée en masse, pour conquérir enfin la paix
du Monde ; quel est le Français qui ne resterait pas aujourd'hui convaincu que la paix seule
peut nous aider à réparer l'épuisement de nos
forces, rendre des bras à l'agriculture, ranimer
notre commerce, faire refleurir les sciences et
les arts industriels, rétablir nos finances, en relevant le credit national ! que par la paix enfin,
nous pouvons réparer nos pertes immenses, relever notre marine militaire et commerçante, et
retremper l'esprit de nos phalanges divisées dans
le sentiment, non de leur valeur gnerrière, trop
naturelle à notre nation, mais dans celui de
l'amour véritable de la patrie, inséparable de
l'amour du Prince.

Mais, quand la France a retourné ses regards vers ces Princes de la dynastie des Bourbons ; qu'elle a rappellé son Roi légitime pour nous faire goûter enfin les douceurs de la paix, dont il n'a commencé lui même à jouir avec nous, depuis la funeste époque de son départ, qu'à son retour sur le sol chéri de la patrie ; c'est encore à la France à faire entendre à ce Prince des chants de reconnaissance et de fidélité. Que Louis XVIII en reçoive l'hommage pur et sincère dans ce chant du Poëte sacré ! (1)

> « Français ! c'est par lui seul que Bellone asservie,
> » Va se voir enchaîner d'un éternel lien ;
> » C'est à notre bonheur qu'il consacre sa vie,
> » C'est à notre repos qu'il immole le sien. »

Français, de toutes les opinions, de tous les partis, faisons enfin la paix ! quand, après avoir remporté tant de victoires, le Dieu des combats a jugé devoir y mettre un terme, car il est un terme à tout ; il ne nous en reste plus aujourd'hui qu'une dernière à remporter : mais cette victoire que l'amour sacré de la patrie nous promet encore, n'exige heureusement plus la réunion de nos phalanges guerrières ; car les larmes qu'elle doit faire verser, ne sont que des larmes de joie, de réconciliation et d'effusion des cœurs Français.

Cette victoire, la seule à laquelle nous puissions

______

(1) Ode à la paix, J. B. Rousseau., livre IV.

prétendre aujourd'hui , la seule qu'ambitionne le cœur des Bourbons, c'est sur nous que nous avons à la remporter. Nous l'obtiendrons, n'en doutons pas, en nous réunissant de cœur, en bons et loyaux chevaliers Français, sous notre ancienne bannière des lys. Vive la paix ! vive la France !

Quand nous parlons d'une paix si heureusement rétablie dans notre patrie, mais si douloureusement achetée ; je parlerai des deux Princes qui ont concouru généreusement à en cimenter de nouveau les liens, parmi les membres de la famille Européenne.

Il fut aussi bienfaisant, qu'il est sage et modéré dans la victoire, ce Monarque chéri d'un Peuple, dont la bonté égale la vertu , et dont l'amour égale sa fidélité à ses Princes ; quand, cédant à la fortune la plus contraire, ce Monarque sut sacrifier au bonheur de ses Peuples et l'amour paternel et l'orgueil du diadème ! Elle est grande, autant qu'elle est chère à sa nation, cette Princesse qui, fille des Césars, sut descendre d'un trône où le Dieu du ciel et de la terre semblait l'avoir fait monter pour des siècles de paix ! Que cette Princesse, auguste objet d'un si grand sacrifice , jouisse dans la paix de son cœur, de ses vertus et de son héroïque dévouement à l'union, comme à la paix de deux grands Peuples, dont son âme généreuse avait également voulu assurer le bonheur !

Et toi, jeune et vaillant héros du Nord qui, forcé à prendre les armes pour une trop juste et légitime défense, n'as voulu vaincre que pour conquérir deux fois la paix de l'Europe ! Alexandre, puisses-tu, ô Prince aussi modeste que vraiment magnanime, puisses-tu vivre long-temps pour le bonheur de tes Peuples ! Daignes entendre, dans cette imitation du chant prophétique du Virgile Français, l'une des cent voix de la renommée proclamant les premiers faits de l'accomplissement de tes hautes destinées ! (1)

« Jeune et digne héritier de l'Empire des Czars !
» Sur toi le Monde entier a fixé ses regards.
Quels éclatans exploits ont signalé ta course !
Quand, de l'astre du Nord, courier du char de l'ourse,
Sans cesser de régner en ton climat glacé,
Tu vins, digne du rang où le ciel t'a placé,
Brillant de tout l'éclat des feux du pôle arctique,
Éclairer à nos yeux l'horizon politique.
Ta sagesse évita ce pas si dangereux
Que franchit le succès des attentats heureux.
C'est à toi qu'appartient la gloire véritable
De l'avoir relevé de sa chûte honorable
Ce Roi qui, dans son cœur pleurant des fils ingrats,
L'olivier dans la main, les reçut dans ses bras.
Non, jamais d'Alexandre une cause plus juste
N'eut des droits plus sacrés à sa puissance auguste !
Véritable héros, tu bornas tes exploits
A vaincre le tyran des Peuples et des Rois !
Quand l'Europe à Louis, vint rendre sa couronne,
La France, à tes vertus doit élever un trône.

---

(1) Voir le texte quant à l'inversion de ce passage, fin du IV et dernier chant du Poëme de la pitié, Par M. Delille. édit, 1805.

O ! Français, quand nos vœux ont deux fois
rappelé le Prince légitime sur le trône de notre
antique Monarchie ! quand, accompagné de ce
Héros du Nord, et de tous les Princes de l'Europe
que nos phalanges, elles mêmes, semblent n'a-
voir armés que pour la cause commune des
Peuples et des Rois; Louis le Désiré est rendu,
pour la seconde fois, à nos vœux les plus chers;
répétons ces chants du poëte immortel de la
France ! (1)

« Toi qui fis les Bourbons nos Rois héréditaires,
» Pour augmenter ta gloire et pour combler nos vœux;
» Grand Dieu, qu'ils soient toujours l'appui de nos neveux,
  » Comme Louis fut celui de leurs pères ! »

CONCLUSIONS.

____

(1) Ode sur le vœu de Louis XIII, Poésies diverses, de
Voltaire, 1712.

CONCLUSIONS.

Quand j'ai parlé, dans cet écrit, de la valeur guerrière de notre nation, tout en relevant et déplorant à la fois, ses nombreux et sanglans triomphes sous ce foudre de guerre, contre les excès duquel je n'ai fait que répéter les cris de la France et de l'Europe entière ; j'ai voulu prouver que cette vertu nationale n'avait besoin que d'être dirigée par la justice et la prudence, pour conserver à la France le premier rang auquel l'avaient successivement élevée, parmi les nations de l'Europe et du Monde, Henri iv, Louis xiii et les Bourbons successeurs de leur trône.

Si, ayant déclamé avec autant de véhémence contre les abus de la domination des divers gouvernemens, j'ai rejeté, non sans quelques regrets, la démocratie pour embrasser si fortement celui de la monarchie ; c'est qu'avec la connaissance générale de l'histoire des nations, et de la perversité des passions humaines, les excès, les maux et les sanglantes fureurs de notre révolution n'ont fait que fortifier en moi, d'une part, une haine invincible pour toute espèce de tyrannie, celle qui naît également du despotisme militaire, comme de l'anarchie populaire ; et de l'autre, mon dévouement au gouvernement

T

sage et paternel d'une monarchie tempérée et constitutionnelle.

Si, après avoir consigné, dans ce manuel ou mémorial des funestes erreurs de notre révolution, de grandes vérités morales et politiques, que l'auteur a puisées dans la sagesse des philosophes anciens et modernes, ces vérités venaient à trouver un jour d'injustes accusateurs dans des concitoyens ; je réponds d'avance à ces hommes égarés ou pervers, que le Peuple qui pourrait encore se laisser séduire et entrainer par leurs fallacieuses et perfides promesses, pour ressaisir et exercer aussi tyranniquement sa prétendue souveraineté, ne différerait pas, sous ce rapport, de ces Souverains qui n'aiment et ne veulent avoir que des courtisans et des flatteurs. Si tel est le sort de tous les Souverains, c'est un malheur, sans doute, mais d'autant plus grand en ce cas, qu'elle est grande la foule des courtisans empressés à flatter et à tromper celui dont l'aveugle faveur, l'inconstance, l'ingratitude et les sanglantes fureurs sont consignées dans les annales de toutes les ambitieuses et turbulentes républiques de l'antiquité.

Enfin, quand le sort de la France est aujourd'hui si fortement lié, et sous tous les rapports, à la cause sacrée de la dynastie royale des Bourbons, je dirai et m'écrierai, sans crainte de me répéter une dernière fois. . . . .

(151)

Français , de toutes les opinions et de tous
les partis , faisons enfin la paix ! que le nom
sacré de la patrie soit désormais notre unique
cri de ralliement ! serrons , serrons nos rangs
autour du trône de notre antique monarchie !
réunissons nos vœux et nos efforts pour conserver à nos neveux une patrie si chère à notre
génération ! cette patrie, objet de tant d'erreurs,
de tant de sacrifices , et de l'envie de tant de
puissances qui , rivales ou ennemies , mais puis-
santes alliées des Bourbons, nous observent encore, nous Peuple de la France , en nation rivale
ou ennemie ! Que les causes et les erreurs, que les
excès et les déplorables résultats de notre révolution servent au moins de leçons aux Peuples
comme aux Princes, aux Princes comme aux
Peuples ! Que l'histoire fidèle et sévère en retrace en caractère de sang toutes les horreurs à
la postérité , pour effrayer à jamais les Peuples
et les Princes de la terre ! qu'elle apprenne
surtout aux Peuples , qu'inhabiles, dans tous
les temps, à exercer par eux mêmes l'autorité
suprême, les magistrats qu'ils ne se créent tem-
porairement dans leurs révolutions, que pour
les empêcher d'abuser de l'esprit de domination,
parviennent toujours, plus tôt ou plus tard, (tant
la soif du pouvoir est naturelle à l'homme !) à
s'élever et se perpétuer dans l'exercice d'une autorité d'autant plus anarchique, qu'elle doit être
passagère dans leurs mains ! Que notre histoire

nous apprenne enfin que la monarchie , essentiellement fondée sur des lois justes et paternelles ,
est de tous les gouvernemens le plus naturel , le
plus ancien et le plus propre à maintenir la paix
des Empires , et à faire la gloire et le bonheur
des Peuples !

Puissent les vérités morales et politiques ren-
fermées dans cet écrit , être favorablement en-
tendues et accueillies du Peuple auquel elles sont
adressées ! tels sont les sentimens d'un cœur vraiment Français , et dont les derniers vœux sont
encore et seront toujours....

*Paix, salut et gloire aux bons François pré-
sens et à venir ! Vivent les Français ! vive la
France !*

fin.

TABLE DES MATIÈRES.

Préface. . . . .

Introduction. . . . . *page* 1.

§ 1. *De la nation Française.* . . . . . 4.

2. *De la guerre, de ses fureurs et de ses résultats.* . . . . 7.

3. *De l'ambition, des ambitieux et des conquérans.* . . . . 11.

4. *Des guerriers et des armées.* . . . 15.

5. *Des gouvernemens.* . . . . 21.

6. *De la démocratie et des républiques.* . 27.

7. *Des droits de l'homme et du citoyen.* . 32.

8. *De la liberté naturelle et civile.* . . 33.

9. *De la liberté de la presse et de l'imprimerie.* 37.

10. *Des opinions et de leur liberté.* . . . 48.

11. *De l'égalité naturelle et civile.* . . . . 50.

12. *Des factieux et des factions.* . . . . . 57.

13. *Des révolutions.* . . . . 60.

14. *Du Peuple et des élections populaires.* 69.

15. *Des constitutions de la France.* . . . 78.

16. *De la conscription militaire.* . . . . 83.

17. *De la politique et du Machiavelisme.* . 87.

18. *De la philosophie ancienne et moderne.* . 91.

19 *Des religions et de la religion chrétienne.* 97.

20. *Des préjugés.* . . . . 102.

21. *De la superstition et du fanatisme.* . 104.

22. *Du despotisme , des despotes et des tyrans.* . . . . , . 107.
23. *Des biens nationaux.* . . . . . 116.
24. *Des finances de l'État.* . . . . 122.
25. *De l'état monarchique et de la royauté.* . 128.
26. *De l'honneur et des honneurs.* . . . 138.
27. *De la paix.* . . . . 143.
Conclusions. . . . . 149.

FIN DE LA TABLE.

INDICATIONS DES ERRATA.

Page.	Ligne.	Au lieu de.	lisez.
22.	6.	Sont.	Furent.
28.	16.	Plutot ou plutard.	Plus tôt ou plus tard.
58.	2.	Consacré.	Consacrée.
55.	17.	L'avis.	L'aveu.
101.	13.	Conseil et leurs.	Conseils et leur.
116.	17.	Cette opuscule.	Cet.
112.	8.	Dictatoriale.	Dictatoriale.